JN003557

依存症と回復、そして資本主義

暴走する社会で〈希望のステップ〉を踏み続ける

中村英代

光文社新書

目次

第4章　十二ステップ・グループ——依存症の回復コミュニティ

はじめに

〈智〉が広がっている領域はどこか。（ベイトソン 1972=2000: p.594）

自分は依存症かもしれないと思ったことがある人や、家族のとまらない行動に困っている人はたくさんいるだろう。アルコール、薬物、ギャンブルやダイエット。困りごとの対象はさまざまだが、依存をめぐる問題は時代や地域を問わず人々を苦しめ続けてきた。大袈裟ではなく、とまらない行動は人類が抱える難題のひとつであり、私たちの幸福を大きく左右する問題なのだ。

では、①「依存症」とはどのような問題で、②回復支援の現場ではどのようなことが行われているのか。

①の問いに対して本書では、社会学の立場から、とまらない行動を個人病理としてではな

く、この社会のなかで必然的に生じる行動パターンのひとつとして考察していく。

②の問いに対して本書では、ダルク[1]と十二ステップ・グループでの回復を考察していく。ダルクは薬物依存の回復支援施設である。そして、十二ステップ・グループは依存症からの回復のための世界規模の共同体で、アルコホーリクス・アノニマス（AA）[2]やナルコティクス・アノニマス（NA）[3]を含む。どちらも当事者のコミュニティだ。

現在、全国のダルクは厚生労働省のウェブサイトに薬物問題の相談窓口として掲載されているし、十二ステップ・グループは厚生労働省の依存症啓発パンフレットでも紹介されている。つまりどちらも、公的に認められた回復支援ということだ。だがいまなお、ダルクやAAで行われていることの内実はあまり知られていない。

ダルク研究会のメンバーと連れ立って、私がはじめてXダルクを訪れたのは2011年の1月の終わり――冬の寒い夜だった。その頃私は摂食障害の回復者へのインタビューをまとめていて、研究対象も近いだろうということでダルク研究会に誘われたのだ。ダルク研究会は南保輔《みなみやすすけ》先生（成城大学）を中心とした社会学研究者のグループで、その後、研究会ではダルクについての書籍も出版している。[4] だが、当時の私はダルクのこともNAのことも知らず、薬物依存は自分とは遠い世界で起きている事柄だと思っていた。

こうした経緯で研究会に加わり、依存症を追いかけていくと、その先にみえてきたのは現代社会とこの社会を生きる私たち自身だった。私たちが馴染んでいる思考や行動が、依存の問題につながっていたのだ。だから、依存症とそこからの回復について理解すると、人々の行動やいま私たちが生きているこの社会の傾向性が、それまでとは違った角度から理解できるようになる。

このように、本書の主眼は依存症の理解には置かれていない。本書の目的は、依存症の理解を経由しながら、**私たちの日々の行動と現代社会の傾向性をとらえなおすこと**にある。

＊

1 DARC（Drug Addiction Rehabilitation Center）：日本で当事者によって運営されている薬物依存のリハビリテーション施設。
2 Alcoholics Anonymous（AA）：アルコール依存からの回復のためのセルフヘルプ・グループ。
3 Narcotics Anonymous（NA）：薬物依存からの回復のためのセルフヘルプ・グループ。
4 ダルク研究会編（2013）、南・中村・相良編（2018）など。

本書にはもうひとつの目的がある。それは人類学者グレゴリー・ベイトソンの認識論《エピステモロジー》の一端を紹介することだ。二十世紀後半にアメリカで活躍したベイトソンは、依存症《アディクション》の研究もいくつか残している。

ダルクも十二ステップ・グループも豊かで多様な世界であり、本書で説明し尽くすことなどできない。そこで本書ではベイトソンを視座に据え、主にその射程内で考察を進める。ベイトソンを経ることでしかみえてこない世界は確実にあり、そこでは依存症や回復コミュニティが新たな姿で立ち上がってくるはずだ。本書では、このようにして依存症、ダルク、十二ステップ・グループを考察しつつ、ベイトソンの知を再確認していく。

ベイトソンの論考を読む醍醐味は、何といっても、自分が慣れ親しんだ思考の外側に連れ出してもらえることにある。というのもベイトソンは、〝思考の前提〟――それは人々が物事をどう考えるかを決定づける――について繰り返し考察しているからだ。ベイトソンは固有の方法で私たちの頭のなかにある思考習慣をとらえ、それを机の上に並べて目の前に差し出してみせるのだ。「ほら、これだよ」と。

人々が無意識に前提としている思考習慣を明らかにし、そこに含まれる問題《エラー》を指摘し、警告を発し続けたのがベイトソンだ。

思考の前提が不適切であれば、その枠組みのなかでどれだけ世界や社会を正そうと試みたところで何もよくならない。だから、私たちが世界について語るのではなく、まずは私たちの頭のなかにある思考のパターンを把握し、それを問い直そう。ベイトソンは生涯これを探求し続けた。

資本は暴走し、事実は歪めて伝えられる。インターネットは裁《さば》きで溢れ、人々は他者の評価に怯えて暮らす。他方で、新種のウイルスが世界中に蔓延《まんえん》し、気温が上昇する環境を私たちは生きていかなければならない。こうした現代、二十世紀にベイトソンが投げかけた警告と希望を振り返って確認することには一定の意味があるだろう。

本書でみていくように、ダルクや十二ステップ・グループ、そしてベイトソンは、依存症からの回復だけでなく、私たちが慣れ親しんでいる生き方とは異なる〝新しい生き方〟や、資本主義的な組織とはまったく異なるコミュニティのあり方を示してくれる。二十世紀に生み出されたこれらの叡知《えいち》は、二十一世紀を生きる私たちにとって素晴らしい財産であると私は考える。

*

本書の構成は次の通りである。

第1章では、依存症を理解する。第2章では、ベイトソンの分裂生成理論と依存症研究を確認する。第3章では、ダルクでの回復支援をみていく。第4章では、十二ステップ・グループを考察した上で、そのコミュニティとしての独自性を指摘する。第5章では、精神科医、カウンセラー、弁護士などの依存症支援に携わる十名の専門家の語りを紹介し、依存症支援のあり方を示す。

本書の考察は、2011年以降、私が継続しているインタビュー、ミーティングの参与観察を含めた国内外のフィールドワークに依拠している。

私が実際に関わることができたのはダルクや十二ステップ・グループのごく一部である。当然、ここからダルクや十二ステップ・グループを一般化することはできない。本書にそのような限界があることはあらかじめ述べておきたい。

第1章　依存症と回復

一つの論理レベルで直接の利益に通じることが、より大きな、あるいはより長期に渡るコンテクストで、破滅的な災いを招く。

（ベイトソン 1979=2001: p.237）

1・1　依存症を理解する

ロボットを依存症にするには

アルコールや薬物、ギャンブルなど何かをやめたくてもやめられない状態は、「依存症」「アディクション」「嗜癖《しへき》」などと呼ばれてきた。近年は、「コントロール障害」「使用障害」と呼ばれるようにもなっている。

さまざまな読者の方を想定している本書では、誰もがよく知る「依存症」という言葉を使っていく。ただし、人々の多様かつ複雑な生きづらさをひとくくりに「依存症」と呼んで単純化したり、人々に安易に「依存症」のラベルを貼ったりすることに対しては、本書は批判的なスタンスに立つ。

たとえば、「依存症」という状態が先に想定され、その状態にあてはめて、自分（あるいは自分以外の誰か）は依存症なのではないかと考えるパターンはよくある。しかし、本書ではそうした順序の思考はとらない。それぞれに異なった私たち人間が先にいる。そうした私たちに何らかの出来事が積み重なった時に、とまらない行動が出てきたり引っ込んだりする場合がある。本書ではこのように考えていく。「自分は／誰かは依存症なのだ」と決めつけるために本書があるのではない。

「依存症」や「アディクション」という言葉が社会に広がった現在、言葉の力に飲まれることなく、自己や他者を丁寧に理解するように心がけていないと、誰もがあっという間に「依存症」に仕立て上げられてしまう。それはとても危険なことだ。

では、その「依存症」とはどのような状態なのか。医学的な診断基準を含めて依存症の定義は複数あるが、ここではベイトソンの考えを紹介したい。

ベイトソンは、学習能力を持ったロボットがあったとして、①そのロボットがどのような状態になれば依存症とみなすことができるか、②そのロボットに依存症の症状を起こさせるにはどうしたらよいかを考えた。[5] ベイトソンがこんなふうに機械をモデルにして依存症をとらえていこうとした理由は二つあった。

第一に、道徳や価値観に基づいた判断を含めずに、依存症という問題の形式をとらえよう

5　Bateson & Bateson（1987=1992: p.221-222）

としたためだ。たとえば、通俗的な依存症理解のひとつに、「意志の弱い人が酒に溺れる」というものがある。他の病気になっても「意志の弱さ」や「人間としての甘さ」を責められることはないが、依存症はこれまで道徳上の問題とされ続けてきた。ベイトソンが距離をとろうとしたのはこうした解釈群であった。

第二に、依存症を個人に内在する病理としてではなく、何かと何か（たとえば、酒と人）の相互作用プロセスのひとつの形態としてとらえようとしたためだ。

ベイトソンは次のように述べている。

> 機械をモデルにして考える必要があるんだ。道徳とか感傷とかをもち込まないで形式論的な問題を扱えるようにね。ともあれ、個体から相互作用プロセスへ眼を移すことで、価値の問題から離れることができる。善悪のかわりに、「可逆」とか「不可逆」とか、「自己制御」とか「自己最大化」とかを頭に置いて考えることができるんだ。[6]

ベイトソンの提案からは、逆に、依存症は個人の資質に起因するとされ、かつ、本人が甘くだらしがないといった道徳的な問題として扱われ続けてきたことがわかる。だが、いまでもこの傾向は変わらない。だからいまなお、ベイトソンの依存症のとらえ方は斬新かつ新鮮に響いてくる。

こうしたベイトソンの依存症理解を整理すると、おおむね次のようになる。[7]

まず、依存問題の核には「自分や他人に害があるのに、自分の力でとめられなくなった行動」があり、それは次のように形成される。

① Aにとってある行動は、短期的にはよいもの（苦痛が減る、気分がいい、うまくいくなど）として経験される。しかし、その行動はAの本来のニーズは満たしていない。

② ある行動がよいものとして経験されたため、Aはある場面でその行動を繰り返す。このプロセスでAはある行動への依存性を獲得・学習していき、そのことによってAの身体や精神、生活の構造は変わる。

③ 特定の行動を繰り返した結果、その行動を調節するスイッチが壊れる。すると、

6　Bateson & Bateson（1987=1992: p.230）
7　Bateson & Bateson（1987=1992: p.219-233）

漸増《エスカレーション》のプロセスに突入し、Aはその行動を自分の力ではとめられなくなる。

①②③をまとめると、依存症とは、人がある行動を繰り返した結果として生じる、その行動をとめられなくなった状態として整理できる。

ここでいう特定の行動には、飲酒や薬物使用だけでなく、ギャンブルやダイエットなどのさまざまな行動が入る。特定の行動がとめられなくなると、それができない状態が続くとイライラするようになったり、生活に必要なことよりもその行動が優先されるようになったりするなどして、社会生活にも支障が生じるようになる。

本書では、これを依存症の基本的な構成とする。

このように整理すると、たとえば、依存症の発症プロセスについて考える際には、「どのような人が、どのような場面で、どのような行動を繰り返す傾向があるのか」を解明することがテーマとして浮上してくる。

他方で、回復を考える際には、「その人はその行動を自分の力ではとめられなくなっている」という認識からスタートできる。すると依存症者に[8]「意志を強く持て」と説教することのおかしさも理解できる。足を骨折している人に向かって「意志の力で走れ」と説教する人はいないのに、「意志の力で酒や薬物をやめろ」と言われ続けるのが依存症者なのだ。

とまらない行動

これまで依存問題は、一般的には、「物質嗜癖」「プロセス（過程）嗜癖」「関係嗜癖」の三つに分類されることが多かった。

アルコールや薬物、ニコチンなどの特定の物質の摂取がとまらなくなる状態は「物質嗜癖」と呼ばれている。ギャンブル、ゲーム、ダイエット、スマートフォンの使用など一連の過程《プロセス》のある行動がとまらなくなる状態は「プロセス（過程）嗜癖」と呼ばれている。パートナーに酒をやめさせようとする、他人の世話を焼くなど、他者に向けた何らかの行動がとまらなくなる状態は「関係嗜癖」と呼ばれてきた。

三つの分類からは、私たちの日常には依存につながる事象が埋め込まれていることがよくわかる。

8　本書では、基本的に「依存者」という言葉を使うが、臨床場面として想定される場合には「依存症者」という言葉を使っていく。

だが本書では、物質嗜癖、プロセス嗜癖、関係嗜癖の三つをすべて「**とまらない行動**」として、次のようにひとつにまとめたい（先に述べた依存症の基本的構成でも、依存問題の核には「自分の力でとめられなくなった行動」があるとした）。

「物質」への依存は、**何らかの物質を摂取する行動がとまらない状態**といえる。

「過程《プロセス》」への依存は、もともと、ギャンブルなどの**何らかの行動がとまらない状態**として理解されている。

「関係」への依存は、**他者をコントロールしようとする行動がとまらない状態**といえる。

なお、「関係」への依存はわかりにくいため、補足しておく。アルコール依存者の妻を共依存と呼んだりもするが、彼女たちは「夫の飲酒をやめさせようとする行動」がとまらない状態とされる。人を相手にしたとまらない行動は、小言、説教、世話焼き、罵倒、暴力などさまざまだが、ポイントは、他者をコントロールしようとしているか否かにある。仲がよくていつも一緒にいるカップルのことを互いに依存しているとは言わない。関係性のなかで相手への継続的なコントロール行動が生じていなければ、それはただ仲がよいだけだ。

こんなふうに、「物」「過程《プロセス》」「関係」への依存は、「とまらない行動」としてまとめることができる。そして、これら「とまらない行動」の原動力となっているのが、次でみていく

「渇望《かつぼう》」である。

渇望と強迫観念

「渇望」とは、意志の力ではそう簡単には打ち勝つことができない強烈な欲求のことだ。しかも、通常の欲求はある程度のところで満たされるものだが、渇望が入ると欲求は加速していき、満足という状態は決してやってこない。

アルコール依存をいち早く渇望からとらえた医師のウィリアム・シルクワースは、アルコールへの渇望を肉体的アレルギーと表現している。

> アルコールがアルコホーリクの身体に引き起こすのは、アレルギーの一種であること、アルコールを渇望する現象はかぎられた人にしか起こらず、ふつうのアルコール好きには見られないことを、数年前に私たちは指摘した。……つまり飲み始めたら最後、必ず渇望現象が増進するということだ。この現象は私たちが以前提言したように、アルコホーリク特有のアレルギー症候であり、彼らを他と明確に分けるものである。[9]

花粉症の人が花粉を吸い込むと鼻水やくしゃみがとまらなくなるように、体内にアルコールが入ると酒への渇望が生まれるタイプの人がいるということだ。たしかに、酒を飲みはじめると「もっともっと」と飲み続ける人と、一定程度飲むとそれ以上は飲めなくなる人がいることを、私たちも経験的に知っている。前者はアルコールが体内に入ると渇望現象が生じるタイプだ。

　肉体的アレルギーに気づいたなら酒を飲まなければよいのだが、それができる人はそもそもアルコール依存にはならない。しかも、私たちはいろいろな事情で酒を飲む。人の誘いを断れずに飲む。緊張するから飲む。つらさや疲れをとるために飲む。退屈だから飲む。飲み会でウーロン茶を頼みにくくて飲む。酒を飲む自分をカッコいいと思って飲む。酒の味が好きで飲む。こうした生活環境のなかでは、渇望を生み出す最初の一杯を避けるのは難しい。

　渇望が生まれるのは酒だけではない。ダイエットに成功してひとたび痩せると、痩せ願望はエスカレートし、最終的には何がなんでも痩せていたいという渇望が生まれることもある。[10]こうした行動は日常のなかにたくさんある。

　依存問題を抱えている人が、死や破壊的な行動を避けて生き延びるには、そして回復するには、この渇望に、いかに対峙《たいじ》していくかが現実的な課題となる場面は多い。

渇望の背景はさまざまだが、ここでは、そのひとつでもある強迫観念について考えてみたい。強迫観念とは、頭に浮かんでしまって自分では払いのけられない考え、事実ではないことを信じさせる強い考え、強い思い込みなどを指す。たとえば、それは「〜であるべき」「〜しなくては気が済まない」「〜に違いない」などという形をとって私たちの思考に入り込む。

強迫観念は内容も強さもさまざまだ。何度確認しても「鍵を閉め忘れているのではないか」という考えが頭に浮かんで消えない。しっかり手を洗っても「もっと除菌しなければ気が済まない」と感じる。「痩せていなければ生きている価値がない」と強く思う。誰かが遠くで笑っていると「自分が笑われているに違いない」と考える。

このように、本人がそれを本気で信じている場合も、本人が自分でも事実とは違う考えだとわかっている場合も、強迫観念は私たちにとり憑き何らかの行動を強いてくる。

9　Alcoholics Anonymous World Services ([1939]2001=[1979]2002: p.xxxv(35)-xxxviii(38))

10　中村 (2011: p.65-91)

なお、アルコール依存者に特徴的な強迫観念は、飲みはじめると必ず渇望現象（もっともっとと飲みたくなる）が生じ、それで失敗した事実があるにもかかわらず、「一杯だけなら大丈夫だろう」「今回はうまく飲めるはずだ」と考えてしまう思考だと言われている。

ここまでで、依存症の中心には「とまらない行動」があることを確認してきたが、酒や薬物やギャンブルなど、社会的にも問題視されている行動であれば、それがとまらないことが問題を生んでいる状況を本人も周囲の人も理解しやすい。

だが、私たちは何かを繰り返しながら、まったくそれに気づいていないことも多い。時には、よかれと思って一生懸命に繰り返されている行動が、本人や家族を苦しめていることもある。繰り返されていくうちにとまらなくなっている行動は、生活のなかにたくさんあり、誰しもある程度はそうした行動と適度に共存して生活しているが、とまらない行動によって生活に支障が出ている場合もある。

だから、なんだか苦しいと思った時に、自分や身近にいる人が、特定の行動を繰り返していないかを観察することで、状況を整理できる場合がある。

とまらない行動の周囲には、「二度とやらない」と言いつつ破られ続けた誓いや約束の残骸があったりもする。誓いを破り過ぎれば自己への信頼は失われ、約束が破られ続ければ他者との信頼関係は崩壊する。こうしたことを目印にしてとまらない行動を見つけることができれば、あとはそれを実際にどうするかという段階に入ることができる。

無理にとめなくて済む行動はいくらもある。他方で、とまらない行動のために本人が苦しんでいたり、社会生活が送れなくなっていたり、周囲の誰かが苦しんでいる場合、何らかの対処が必要になる。そして、この対処の部分で浮上するのが回復支援になる。本書でも後に回復支援を考察していく。

1・2　変えられないものを変えようとする私たち

痛み・恐れ・怒り・欲望

渇望がとまらない行動を引き起こすことは確認してきたが、渇望が膨れ上がる手前ではいったい何が起きているのか。これを強迫観念とは別の側面からも理解するために、私が作った二つの四象限《マトリクス》（**図1**・**図2**）を紹介したい。

まず、**図1**のように、時制（「過去／未来」）をよこ軸とし、気持ちの向かう先（「外に向

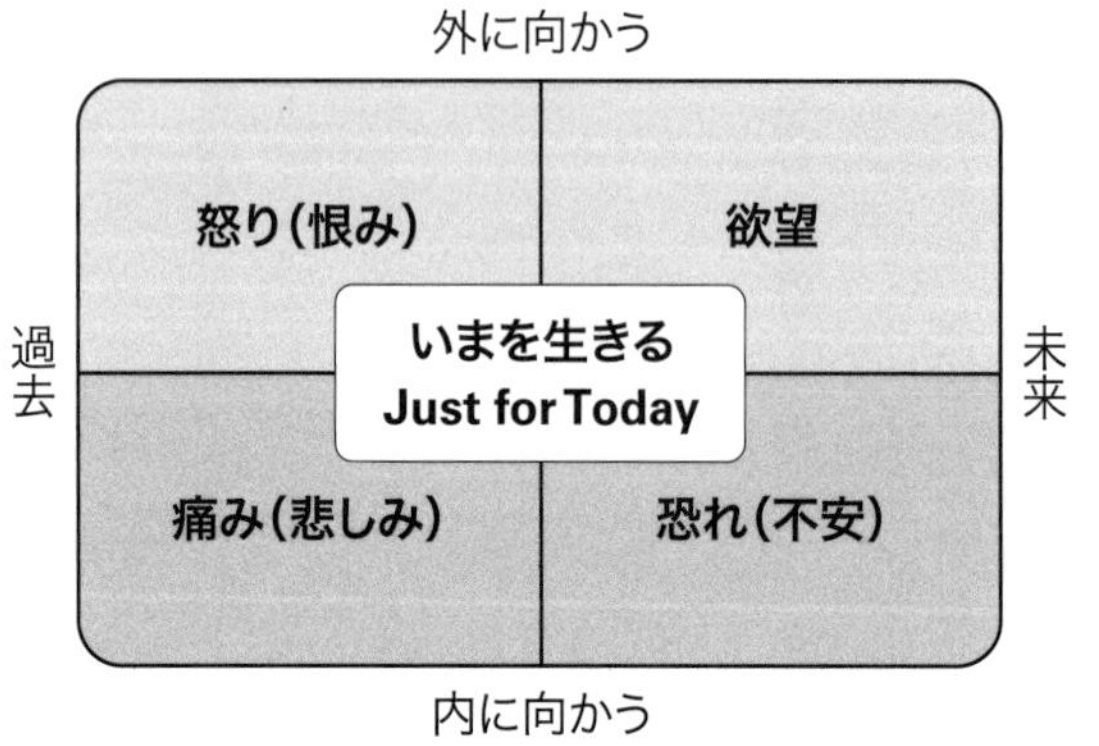

図1　痛み・怒り・恐れ・欲望の四象限《マトリクス》

かう／内に向かう」）をたて軸として、「痛み」「恐れ」「怒り」「欲望」の四つをそれぞれの象限を代表する感情とした。過去に起きた出来事に対して気持ちが外に向かえば「怒り」に、内に向かえば「痛み」に、未来に起こるであろう出来事に対して気持ちが外に向かえば「欲望」に、内に向かえば「恐れ」になるという意味だ。

「痛み」には苦しみ、悲しみ、身体的な痛みや疲労なども含める。「恐れ」には不安や心配なども含め、「怒り」には恨みも含める。「欲望」には人や物を対象としたさまざまな欲求を含むこととする。

「痛み」があれば和《やわ》らげようとするし、「恐れ」があれば回避しようとする。「怒り」があれば発散しようとするし、「欲望」があれば満たそうとする。

私たちは、これらの感情をただ感じるだけでなく、これらの感情に突き動かされるように何かをしてしまいがちだ。最初の行動は些細なことだったりするが、一部の行動は繰り返され、「しないではいられない」という渇望を形成していく。とまらない行動は、私たちの心に毎瞬、押し寄せては消えていく痛み、恐れ、怒り、欲望から生まれているともいえるのだ。

図の中央の「いまを生きる（Just for Today）」という言葉は、後に紹介するように、ダルクや十二ステップ・グループでよく使われる言葉だ。過去や未来から自由になって、いまこの瞬間を精一杯生きるという意味だ。[11]

11　「これは『今日一日を精いっぱい生きる』という意味で、ダルクの合言葉です。……すでに過ぎ去ってしまって、いまさらどうにもならない過去、いったいどうなるかわからない未来に振り回されるのはやめて、今ここで、今日一日を、精いっぱい生きることができますように。そういう気持ちを表しています。」（東京ダルク支援センター編 2010: p.2［表紙裏］）

自己治療としての依存行動

近年、依存症になりやすいのは、意志が弱い人でも快楽に溺れやすい人でもなく、不安や緊張が強い人、痛みや苦しみを抱えている人だという考えが日本でも受け入れられるようになってきている。虐待の経験者、精神疾患を抱えている人、何らかの機能的な理由で欲望のコントロールが困難な人などだ。

こうした考え方は日本国内でもかねてから指摘されてはいたが[12]、2013年にカンツィアンとアルバニーズの『人はなぜ依存症になるのか』[13]が翻訳されたことの影響は大きいだろう。カンツィアンらが提唱している自己治療仮説とは、依存症者の臨床的観察に基づくもので、特定の物質が心理的苦痛を一時的に和らげてくれると、人は無意識のうちにその物質を繰り返し摂取するようになり、依存症に陥るという説である。

人は何らかの物質に依存していくのではなく、むしろ「さまざまな物質を試す過程で、たまたまある特定の物質が特別の慰めや苦痛の緩和、あるいは気分の高揚といった効果を持っていることを発見し、結果として、物質に特別の魅力を感じるようになる」[14]というのだ。

たとえば、アルコールは緊張や不安の軽減、オピエート（ヘロインなど）はトラウマ体験に由来する怒りや攻撃性の鎮静、コカインは空虚感、倦怠感、抑うつ状態の回避、気分の高揚や自尊心の高まりなどをもたらすという。

自己治療仮説は、医療者たちが、依存症者の依存行動ではなく、依存行動の背後にある苦しみに着目していく道を切り開いたという意味で、非常に画期的だった。対処すべきは、彼らの依存行動なのではなく、彼らの苦しみなのだということが明らかにされたのだ。

自己治療仮説に近い考え方として、フローレスの愛着理論[15]がある。私たち人間は他者との愛着関係を確立することで自分の感情を制御しているが、「自らの情動を制御してくれる他者との愛着関係を確立することが困難な人の場合、親密な対人関係が欠けている状態を埋め合わせる代用物としてアルコールや薬物に依存しやすい[16]」というのが愛着理論の説明だ。

愛着理論は自己治療仮説と同様に、依存症者は心理的な苦しみを抱えているとする。だが、

12　日本の依存症臨床を牽引してきた斎藤学や信田さよ子の著書でも、既に自己治療としての依存という視点は提示されている。たとえば、斎藤（1995a: p.3-32）、信田（2000: p.156-157）などがある。
13　Khantzian & Albanese（2008=2013）
14　Khantzian & Albanese（2008=2013: p.66）
15　Flores（2004=2019）
16　Flores（2004=2019: p.25）

その苦しみの原因を幼少期の養育環境に求める点に特徴がある。

近年のこうした臨床理論からも、痛みや恐れや怒り、欠落感を埋めたいといった欲望などが依存行動につながりやすいことがわかる。何らかの経験が生み出す感情が依存行動につながるだけではなく、ある生活環境のなかで本人が身につけたパターン（物事のとらえ方・考え方、起こったことへの反応の仕方など）が恐れや怒りにつながりやすく、その恐れや怒りから依存問題が展開する場合もあるだろう。また、成育歴や習慣的な思考パターンに関係なく、ある時とてつもない苦しみに襲われれば、多くの人はそこから逃れるために目の前の酒や薬物に手を出し、そうした事態が繰り返されれば依存症になり得るのだろう。

だから、どちらにしても本書では、依存につながる行動の手前では、私たちは、痛いか（痛み）、恐れているか（恐れ）、怒っているか（怒り）、何かを求めているか（欲望）のいずれかの状態にあるのだとシンプルに考えたい。

コントロールの四象限《マトリクス》

ここまで四つの感情をみてきたが、感情が行動に移される時、その行動は「自分」か「他人」のどちらかに向かいがちだ。そこで、ここでは**図2**のように、「他者に向かう／自己に

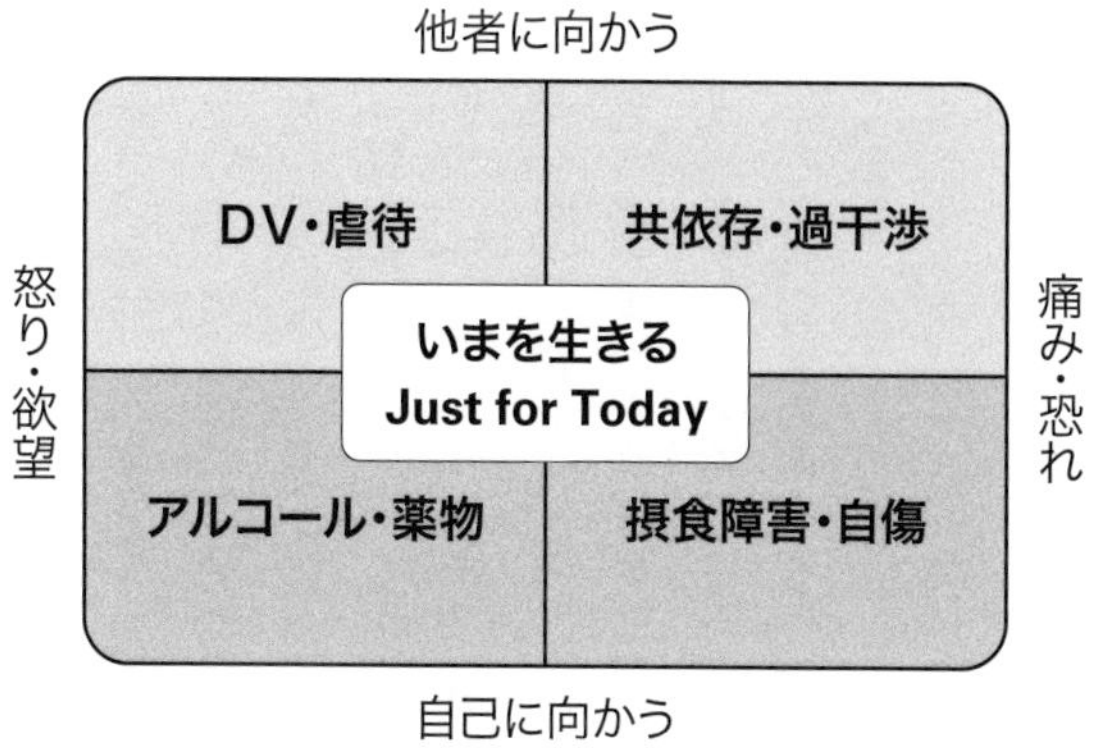

図２　コントロールの四象限《マトリクス》

向かう」をたて軸とし、「怒り・欲望／痛み・恐れ」をよこ軸として四象限《マトリクス》をつくり、それぞれの象限を代表する依存問題を当てはめてみた。

怒り・欲望が「他者」に向かえばＤＶなどの暴力や虐待になり、「自己」に向かえば飲酒や薬物使用になる。痛み・恐れが「他者」に向かえば他人へのコントロールがとまらない共依存になり、「自己」に向かえば身体のコントロールである摂食障害や感情のコントロールである自傷[17]になるという意味だ。

もちろん、こうした類型はかなり大雑把なものだ。現実はもっと複雑だ。だが、基本にある「感情」とそれが「向かう先」という二つの軸での整理によって、みえてくるものもあるだろう。

コントロールが自己に向かう場合、自分のさまざまな部分を変えようとする。感情、気分、性格、能力、体型、外見など、変えようとする対象はいくらでもある。多くの人が人に迷惑をかけないようにと自分の感情を殺し、自信のなさを埋めるために体型や外見を変えようとする。怒っていても笑ってみせ、疲れや痛みは酒や鎮痛剤で解消する。

コントロールがパートナーや子供などの他者に向かう場合、相手のさまざまな部分を変えようとする。小言、説教、暴言、暴力など、他者を変えようとする行動もまた、健康的なものを含めて日常に溢れている。

誰しも多かれ少なかれ、自分の気分や他人の言動、周囲の環境を一定程度調整しながら生活しておりそれは自然なことだが、変えられない何かを変えようとし続ける時、不適切な方法で何かを無理に変えようとし続ける時、依存症に近づいていく。

だからこそ、「変えられないもの」と「変えられるもの」の見極めが必要になってくる。

平安の祈り

神様、私にお与え下さい
変えられないものを受け入れる落ち着きを
変えられるものは変えていく勇気を
そして、二つのものを見分ける賢さを

ダルクやＡＡではこの「平安の祈り」が広く唱えられているが、「変えられないもの」と「変えられるもの」の見極めは、依存症からの回復過程で重要な役割を果たす（平安の祈りには「神」という表現が出てくるが、ダルクもＡＡも宗教コミュニティではない。この点については第４章で述べる）。

回復に通じる四つのこと

自分のケアをする場合、自分の心のなかで「痛み・恐れ・怒り・欲望」の四つの感情を観

17　自傷行為には、他者への怒りを自分自身を傷つけることで抑えようとするタイプがある。

察し、それを健康的な方向で受けとめられれば依存問題から遠のくことができる。他者を支援する場合、この四つの感情を目印にして本人の困難をひとつひとつ探し出していき、これらの感情が本人にとって大きくなり過ぎないように心身と生活を整える方向でサポートしていけば、的外れな支援にはならないだろう。

ところで、私たちはつらい時、誰かにそのつらい気持ちを聞いてもらうだけで楽になり落ち着けたりする。たとえば、公的な電話相談で行われているのは主に傾聴だ。電話をすると知らない人が自分の話をただ聞いてくれる。それだけで多くの人が実際に助けられている。苦しい時に他者にそばにいてもらうとか、説教も否定もされず、後で悪く思われる心配もない状態で話を聞いてもらうことは、痛みや恐れを減らすのにかなり効果がある。

愛着理論を提唱するフローレスも、「彼ら［依存症者］が本来獲得すべきもの、それはさまざまな他者との健康的な愛着関係なのである」[18]と述べている。

ここから考えれば、孤立していて、つらい気持ちを受けとめてくれる他者がいなければ、比較的小さな苦しみでも人は依存行動に近づいていきやすいことになる。苦しみが本人に抱えきれないほど大きければ、孤立の程度が低くても人は依存行動に近づいていく。

以上でみてきた「苦しさ」と「孤立」と、「平安の祈り」でみてきた「変えられないもの」

と「変えられるもの」を組み合わせると、回復の方向性が一定程度みえてくる。

・抱えている苦しさを減らすことは、回復に通じる。
・適切な関係性（コミュニケーション）のなかにいることは、回復に通じる。
・変えられないものを見極めて、それを変えようとする気持ちや行動を手放すことは、回復に通じる。
・変えられるものを見極めて、それを適切に変えようとする実践は、回復に通じる。

これを逆にすれば、私たちは依存症に近づくことになる。

・抱えている苦しさが大きくなれば、依存症に近づく。
・孤立しているか、不適切な関係性（コミュニケーション）のなかにいれば、依存症に近

18　Flores（2004=2019: p.31）

づく。

・変えられないものを変えようとすれば、依存症に近づく。
・変えられるものをそのままにしておけば、依存症に近づく。

こんなふうにシンプルに整理をすると、そんなことあたり前じゃないかと思う人もいるかもしれない。だが、こうした基本とかけ離れた情報や知識や対処が溢れ返っているのが現状だ。

さらにいえば、こうした整理を理解した上でもなお、依存者と実際に向き合うと回復につながらない対応や反応をしてしまうのが私たちなのである。そして、こうした整理を理解した上でもなお、自分に苦しさを強い、不適切な関係にとどまり、変えられないものを変えようとし続けてしまうのも私たちなのだ。

他の病気になっても説教されたり叱責されたりすることはないが、意志の問題とみなされがちな依存症は周囲の人々から説教や叱責を引き出してしまう。実際に、周囲の人も困り果てて説教や叱責で対応せざるを得なくなっている場合は多い。だから、依存問題を抱える人の周囲では、彼らの苦しさを助長し、かつ、彼らを孤立に追いやる対応がとられがちだ。

他方で、自分を責め続けている依存者はたくさんいる。周囲に責め立ててくる人がいなかったとしても、自分から自分へと向けられる絶え間のない叱責から逃れられずに苦しんでいることも多い。

どのような苦しみを抱えているのか。どのような対人関係／コミュニケーションが不足しているのか、あるいは多過ぎるのか。変えられない何を変えようと躍起になっているのか。変えられるものは何か。自分であれ、他人であれ、こうしたことを丁寧にみていくことは回復に通じる。

以上、ここまでが、本書なりの依存症についての理解だ。

１・３　認知行動療法と十二ステップ・プログラム
——回復支援の二つの柱

代表的な依存症の回復支援には、「認知行動療法」と「十二ステップ・プログラム」の二つがある。現在、世界的にも日本でも、この二つが回復支援の大きな柱とされている。

認知行動療法は、専門家主導で行われている治療法で、現実の社会環境に患者を適応させる方向での回復が目指される。他方で、十二ステップ・プログラムは、世界中で当事者たちが実践している回復のプログラムで、当事者同士の支え合いのなかで〝新しい生き方〟が目指される。

支援の現場では両者が併用されることもあり、たとえば、認知行動療法のテキストで十二ステップ・グループが推奨されることはよくあるし、施設内で認知行動療法的なプログラムを補完的に用いているダルク[19]もある（後に説明するように、ダルクは十二ステップ・プログラムに依拠している施設だ）。だが、基本的には、認知行動療法と十二ステップ・プログラムとでは、目指すべき回復像が決定的に異なると考えた方がよい。

認知行動療法は、国内外の医療領域で、依存症の治療としても広く実施されている主流の治療法だ。私たちの感情や行動は、ある状況や起きている現実に対する意味づけ、つまりその状況をいかに認知するかに大きく影響されている。したがって、苦しい気持ちや不適切な行動を生み出している本人の認知のパターンに着目し、それを本人にとって生きやすい形に修正していく。いわば、このような考えを骨格としたアプローチだ。うつ病をはじめ、さまざまな問題の治療に広く用いられており、依存症の領域でも次のような形で治療に応用されている。

たとえば、アルコールや薬物の治療に用いられているリラプス・プリベンション（再発防止）では、アルコールや薬物を使用しがちな状況（ハイリスク状況）を見極め、それに対処するスキルを身につけていく。[20]また、日本では、薬物依存に対する認知行動療法のプログラムとしてスマープ[21]も普及している。スマープでは、自分の行動や感情を理解し、生活スケジュールを立て直し、薬物を使用しがちな状況への対処スキルなどを習得する。

これら医療の現場で主流となっている認知行動療法に対して、本書でとりあげていくのは、

19　南（2019）

20　和田編（2013: p.25-26）

21　SMARPP: Serigaya Methamphetamine Relapse Prevention Program：せりがや覚せい剤依存再発防止プログラム。詳細は、松本（2016）を参照。精神科医の松本俊彦が中心となり、アメリカで広く実施されているマトリックス・モデルを参考にして開発し普及させていったもの。数人から二十人程度の小グループで共通のテキストを使用しながら依存症や対処法について学んでいく。精神科の外来等で実施され、週一回九十分程度を二十四回行い、おおよそ半年かけて終了する。テキストで自分の行動や感情を理解し、生活スケジュールを立て直し、薬物を使用しがちな状況への対処のスキルを習得していく。スマープは認知行動療法に基づいた治療プログラムだが、テキストのなかでは十二ステップ・プログラムの考え方も紹介されており、ダルクやＮＡの連絡先も掲載されている。

十二ステップ・プログラムである。当事者たちが自分たちの経験に基づいて、酒を飲まない生き方を続けていくための姿勢としてまとめたものが十二ステップ・プログラムだ。

第4章で詳細にとりあげるためここでは簡単な説明にとどめるが、ＡＡ（アルコホーリクス・アノニマス）は１９３５年（昭和10年）に、アルコール問題のセルフヘルプ・グループとしてアメリカで誕生した。そして、十二ステップ・プログラムは、このＡＡで作られた回復プログラムだ。その後、薬物依存者のグループ（ナルコティクス・アノニマス：以下、ＮＡ）やアルコール依存者の家族のグループ、薬物依存者の家族のグループなどが作られた。これらを総称して十二ステップ・グループという。

現在、十二ステップ・グループは世界中に広がり、依存者のサポートと彼らの回復に絶大な影響力を持っている。「はじめに」でも述べたが、厚生労働省の依存症啓発パンフレットでもＡＡやＮＡは紹介されており、十二ステップ・グループは日本でも公的にも認められた当事者活動となっている。そして、第3章で考察していくダルクは、ＮＡのプログラムに依拠している施設、つまりは十二ステップ・グループと同様の理念で運営されている施設である。

回復のための方法は多様であり、ＡＡの創設者のビルも「回復への道はいくつもある」[22]としている。だが、依存症からの回復コミュニティとして世界中で展開されているのが、この十二ステップ・グループなのだ。

　本書でこの先みていくように、ダルクや十二ステップ・グループは、現代社会に適応していく方向で回復を目指すのではない。逆にここでは、現代社会で共有されがちな価値観——たとえば、金銭の追求、上下関係のある人間環境など——とは明確に距離を置き、依存者だった頃とは別の新しい生き方が生きられる。では、〝新しい生き方〟とはいったいどのような生き方なのか。

　ダルクやＡＡを考察する前に、次の第２章では人類学者のベイトソンの分裂生成理論と依存症研究を確認しておきたい。

22　White（1998=2007: p.160）

第2章　ベイトソンの認識論《エピステモロジー》

本当に恐ろしいのは知性と感情との分離ではないでしょうか。同様に、外なる精神を内なる精神から切り離すことも、〃精神〃と〃身体〃を切り離すことも、恐ろしく、危険なことだと申し上げたい。

（ベイトソン 1972=2000: p.615）

2・1　分裂生成理論

グレゴリー・ベイトソン（Gregory Bateson 1904-1980）は、1904年（明治37年）に生物学者のウィリアム・ベイトソンの三男としてイギリスで生まれた。ケンブリッジ大学で生物学と人類学を学び、第二次世界大戦中にアメリカに渡ると、その後はフィールドワークで世界各国を訪れながらアメリカで人生を過ごした。

ベイトソンの研究は生物学から精神医学まで多岐にわたり、人類学の範囲には収まりきらないものだった。知の巨人と呼ばれる所以《ゆえん》だ。そして「われわれが物事を〈知る〉ということがいかにして起こるか」[23]を考察する認識論《エピステモロジー》を展開した。「思考の拠って立つ前提自体が誤っていることがあるのだということの理解を欠いた人間は、ノーハウしか学ぶことができない」[24]と述べ、私たちの思考の前提を問い続けた。70年代のカリフォルニアでは〝賢者ベイトソン〟は学生運動に加わる若者たちから絶大な支持を集め、教祖のように祭り上げられたこともあった。

ベイトソンは、日本ではおそらくダブルバインド理論で知られているだろう。1956年

（昭和31年）に発表されたダブルバインド理論は、統合失調症の原因を、精神的損傷などの個人の内部にではなく、患者をとり巻くコミュニケーションのパターン、すなわち個人をとり巻く関係性に求めた。関係性（コミュニケーション）に着目する考え方は当時非常に斬新で、心理療法——特に家族療法の分野に絶大な影響を与えた。[25]

ところで、本章でみていく分裂生成理論（the Theory of Schismogenesis）は、日本ではまったくといってよいほど注目されてこなかった（と言ってよいと私は思う）。ベイトソンの主要な論考は『精神の生態学』という分厚い論文集一冊にまとめられており、しかもその

23 Bateson（1979=2001: p.4）

24 Bateson（1979=2001: p.34）

25 ベイトソンのダブルバインド理論の斬新さについて、野村は、ユーモアを交えた文体で次のように述べる。「ベイトソンが現れて、頭が狂うのは、悪魔がそのかすせいでもなく、個人が体内に悪い疾患をもつのでもなく、その人と周囲との関係のありよう、すなわちコミュニケーションが病理的なせいだと言ったものだから人々はたいへん衝撃を受けた。……狂った理由が悪魔のせいならお祓いが必要になる、疾患から来ているのなら薬が必要になる、コミュニケーションが問題ならコミュニケーションの変更が必要になると、まあこういう具合じゃ。人を治すのに、お祓いをするか、薬を出すか、コミュニケーションを変えるかは大きな違いだ。この違いはその背後にある認識論の違いを反映しておる。」（野村 2008: p.121-122）

論文集の随所に分裂生成の考え方が登場するため、私は分裂生成理論をとり除いてベイトソンを理解する方が難しいと思うのだが、少なくとも私の知る限りでは、国内ではダブルバインド理論や学習理論の陰に隠れ、注目されることはほとんどなかった。

こうした現状はあるにせよ、私は、ベイトソンが社会に訴えようとしていたメッセージの多くは、分裂生成理論に集約されていると考えている。ベイトソンはこの枠組みを使ってさまざまな現象を分析しただけではなく、人や集団の行動が分裂生成的に発展していくのは極めて危険であると警告を発し続けた。

その分裂生成理論の内容はというと、まず、分裂生成とは「Aの行動がBの行動を刺激し、そのBの行動がまたAを刺激して、はじめの行動を強めるという、社会的相互作用の連鎖[26]」のことで、ここには二つのパターンがある。

ひとつは対称型の分裂生成で、これは「AとBとの相互促進的行動が本質的に同じと認められる、競争や張り合いのケース[27]」を指す。たとえば、Aの自慢にBが反応してBも自慢するとさらにAが自慢し返すような、個人間の対抗意識のケースがある。ここでは互いが駆り立てられるように自慢合戦のプロセスは進行していき、次第に敵意が高まって殴り合いの喧嘩などへと発展していく。集団と集団の関係で発展する例としては、国家間の軍備競争などが挙げられる。

もうひとつは相補型の分裂生成で、「相互促進的行動が本質的に違っていても、互いに適切にかみ合っている、『支配―服従』、『養護―依存』、『見せる―見る』等のケース」[28]を指す。たとえば、ＡがＢに服従するとＢはさらにＡへの支配を強める、ＡがＢの世話をするとＢはさらにＡを頼るようになるケースがある。ここではある行動が一方の側に偏るプロセスが進行していき、エスカレートしていく。エスカレートして頂点に達すると関係は破綻する。

身近な例を挙げれば、共働き夫婦の夫が妻に家事を頼り、しぶしぶ妻は家事をするが次第に夫は家事をしなくなり、家事の負担に妻が怒って家を出ていくというようなケースだ。

このシンプルな理論を適用すると、人間関係から国際関係まで、さまざまな現象が驚くほど整理できる。

ベイトソンは、次第に大きくなっていきある頂点に達するようなプロセスを「累進的《るいしんてき》

26　Bateson（1972=2000: p.174）
27　Bateson（1972=2000: p.174）
28　Bateson（1972=2000: p.175）

(progressive)」と呼んだが、対称型も相補型もこのプロセスに歯止めをかける要素がない場合、システムは暴走状態に陥って頂点《クライマックス》に達する。人間関係や国家間の関係で分裂生成がはじまれば、互いに敵対性は強まっていき関係は破綻する。具体的には、喧嘩や別離、殺害や戦争などが起こる。

ここから、二つの型の分裂生成に歯止めをかけるファクターを探すことが、個人や集団が生き延びるための切実な課題として浮上してくる。

この点についてベイトソンは、二つの種類の分裂生成的な行動には、互いを打ち消すように働く作用があると述べている。つまり、対称型の関係にわずかに相補的行動を混ぜるだけで、あるいは相補型の関係にわずかに対称的行動を混ぜるだけで、緊張が緩和するというのだ。

対称型で展開している対立関係の最中に、片方が服従の態度を示せば、エスカレートする対立関係は収束していく。たとえば、言い合いの途中に片方が折れることで、言い合いが終わることはある。

他方で、相補型で展開している支配関係のなかで、服従側が対立の態度を示せば、エスカレートする支配関係は収束していく。たとえば、いじめられている子供がいじめっこに強く出ることで、いじめがとまることはある。

また、対称型であれ相補型であれ、二つの集団を結束させる外的な要素がある時には、その進展が抑制される。ベイトソンは、ここでの外的要素は人物でも敵の集団でも天候などでもよいという。つまりは「激しい雨のもとでは『ライオンも子羊と寝そべる』わけだ[29]」。

以上が分裂生成理論の基本的な理解だ。

２・２　ベイトソンの依存症研究

本節で紹介していくように、ベイトソンはアルコール依存症とＡＡの研究にも分裂生成理論を用いた。

それが、１９７１年（昭和46年）に発表された'The Cybernetics of "Self": A Theory of

29　Bateson（1972=2000: p.128）

Alcoholism'（『自己』なるもののサイバネティックス——アルコール依存症の理論[30]）という論文だ。この論考でベイトソンは、アルコール依存者についてそれまでの解釈とは決定的に異なる視点を提示している。

一般的に、アルコール依存者とは「意志が弱い」から酒を飲んでしまうのであり、意志の弱さを克服すべきだ、と考えられてきた。ベイトソンの表現で言い換えると、アルコール依存者の〈醒め〉の状態の生き方には誤り《エラー》（意志の弱さ）が含まれており、そのために飲酒をしてしまう、ということになる。そして、この解釈では、アルコールへの依存は本人が「意志の力」で克服すべき問題とされる。

こうした一般的な理解に対して、ベイトソンは〈酔い〉によって〈醒め〉の状態の誤り《エラー》が修正されているという観点から、アルコール依存者の〈醒め〉の状態の誤り《エラー》をとらえなおした。

ベイトソンは、次のように述べる。

〈酔い〉に入ると〝自己制御〟は弱まり、それ以上に、自分を他人と引き比べなくてはいられなかった、対称性へのとらわれの心が、自分から抜けていく。酒の暖かさを感じるにつれて、心理的な暖かさを他人に感じる場合も多いだろう。酔って愚痴ろうと、怒りわめこうと、このとき彼は、ふたたびリアルな人間関係を取りもどしているのである。[31]

ここで指摘されているのは、〈醒め〉から〈酔い〉への移行プロセスで二つのことが起こっている点だ。①ひとつが自己制御の弱まりであり、②もうひとつが「対称型」から「相補型」への人間関係の移行である。

まず、①の「自己制御」の部分をみていく。

自分自身を統治しようとする自己のことをベイトソンは「魂の司令官[32]」と呼ぶが、この「魂の司令官」はそもそも不可能な司令ばかり出しているという。

自己を「精神」と「身体」に分けて、理性としての「精神」が自然としての「身体」を支

30　Bateson（1972=2000: p.420-455）ベイトソンのＡＡ研究は、90年代に精神科医の斎藤学（1995）、社会学者の野口裕二（1996）によっても紹介されている。
31　Bateson（1972=2000: p.444）
32　Bateson（1972=2000: p.424）

配するという心身二元論、すなわち、意志の力によって心身を制御できるという考え方は、私たちに深く浸透している思考習慣のひとつである。だがそもそも、自己に心身のすべてを支配する力などない。

第1章で、アルコールへの渇望は肉体のアレルギーのようなものであり、意志の力でとめられるものではないことを確認してきた。ところが本人も、さらには周囲の人々までも、そして社会全体も、「アルコール依存者は意志の力で酒をやめることができるはずだ」と考えている。だからこそ家族も世間も、「もっと意志を強く持って根性で酒をやめろ」と依存者を叱責するのだ。魂の司令官の力を妄信しているのは依存者だけではない。現代社会を生きる人々もまた、魂の司令官＝意志の力を強化すれば酒をやめられる、という強迫観念に集合的にとらわれていることをベイトソンは指摘した。これが、ベイトソンのいうところの依存者が「世間によってつねに強化されつづけている自分自身の狂った前提[33]」の中身だ。

ここで押さえておくべき点は、〈醒め〉の状態の誤り《エラー》とは、従来の解釈が想定する「意志の弱さ」ではないことだ。「飲むか飲まないかは意志の問題であり、意志の力で飲酒を制御できると思い込んでいる自己」こそが誤り《エラー》であり、この強迫観念があるために依存者は酒を飲んでしまうことを、いち早く指摘したのだ。

次に、②の「対称型の人間関係」をみていく。

分裂生成理論を踏まえて、ベイトソンは「アルコール依存者は、現実の他者とも架空の〝他者〟とも、徹底して対称的で、終始分裂生成的な関係に走る」[34]のではないかと仮定した。こうして他者との張り合いを生きている依存者は、酔っている間は他者と相補的な関係をとり結ぶという。[35]

ベイトソンは、〈醒め〉から〈酔い〉への移行が「対称」から「相補」への移行であることを臨床データで実証するのは難しいとしつつも、昔から人間の社会では人間関係を和ませるために酒が用いられてきたとする。

このように、対称型分裂生成を生きているアルコール依存者は、酒を飲むことで、①自己制御する自己から一時的には脱出でき、②他者との関係を相補型へと移行させる。だが、酒

33　Bateson（1972=2000: p.423）
34　Bateson（1972=2000: p.441）
35　「アルコールによって、人は文字通り、グループを織りなすものとしての自己を見出し、その見方にもとづいて行動する。これは、まわりとの関係を相補のパターンにもっていくのと同じである。」Bateson（1972=2000: p.444）

を飲めば今度は酒がとまらなくなり（ランウェイ状態に突入）、飲み過ぎて潰れることになる（クライマックスを迎える）。覚醒状態の誤り（自己制御への信望・他者との張り合い）は、酩酊によって修正されるが（自己制御の弱まり・他者への服従）、今度は酒がとまらなくなって潰れてしまう。

ベイトソンは、アルコール依存症をこのように整理した上で、ＡＡの救出作戦の論理を次のように解明していく。

ＡＡの十二ステップ（詳細は第４章）のステップ一では、意志の力で酒をやめられるというそれまでの思い込みが打ち砕《くだ》かれる。それが、「私たちはアルコールに対し無力であり、思い通りに生きていけなくなっていたことを認めた」というステップ一だ。

そして、「自分を超えた大きな力が、私たちを健康な心に戻してくれると信じるようになった」というステップ二で、自己より大きなシステムの一部として自己を位置づけなおす道が示される。

つまりアルコール依存者は、ステップ一で自己の意志の力の限界を認識し、ステップ二で自分を超えた大きな力と相補的な関係を形成するとベイトソンは考えたのだ。

ここまでみてきたベイトソンの考察を、**表１**ではアルコール依存者の三つの状態として整

	しらふのアルコール依存者	飲酒時のアルコール依存者	AAでのアルコール依存者
意志・自己の状態	「魂の司令官」への信望	酒による「魂の司令官」の消失	大いなる力による「魂の司令官」の手放し
他者・環境との関係の持ち方	他者との対称的な関係	他者との相補的な関係	大いなる力との相補的な関係

表1　アルコール依存者の三つの姿

理した。

ここをしっかり押さえつつ、さらにベイトソンの研究を追いかけていきたい。

2・3　分裂生成型社会と定常型社会

ベイトソンは、AAにおける依存者の自己変容だけでなく、組織体としてのAAについてもごくわずかではあるが言及している。

まず、企業に利潤の最大化という目的があるように現代の多くの組織は目的追求型である。これに対してAAは、『アルコール依存症の苦しみにあって、それを必要としている人たちに、AAのメッセージを届ける』という目的が、最高度に達せられる状況を目差す[36]」という点では目的追求型組織であるとする。だが、ＡＡは以下の点で現代の他の組織と異なるという。

その「単一の目的」がシステムの外へ向けられているところと、より大きな世界との非競合的な関係を目指すところは、他の営利の団体と大きく異なる、ＡＡのユニークな点だ。ＡＡが最大化しようとする変数は、相補的なものであり、それは支配ではなく、「奉仕」の性格をもっているのである。[37]

アルコール依存で苦しんでいる人々にメッセージを届けるというＡＡの目的設定自体が、営利的な組織とはまったく異なっており、その意味で際立った特徴があるとベイトソンは指摘する。

ところで、ベイトソンは人類学者のマーガレット・ミードとともに、１９３０年代のバリ島でフィールドワークを行っており、そこでは、私たちが生きる現代社会とは異なる原理で営まれている当時のバリ島の社会が、丹念に観察されている。

ここではベイトソンのこのバリの論考（「バリ――定常型社会の価値体系」）をみていきたい。ベイトソンがＡＡという組織に関してわずかに言及している「ひとつの変数の最大化」

という着眼点が明確に打ち出されているのが、この〝バリ論文〟だからだ。AA研究は1971年（昭和46年）に発表されているが、バリ論文はそれに先立つ1949年（昭和24年）に発表されており、ベイトソンがバリ論文を踏まえた上でAA研究を進めたと考えることは妥当だろう。

まず、ベイトソンは、現代社会において人間は「一つないしそれ以上の変数（金、信望、権力など）の値が大きければ大きいほどいいというコンテクストに自ら収まることがある」[38]と述べる。現代を生きる私たちには金や権力、人望などを際限なくもっともっとと分裂生成的に求める傾向があるということだ。

他方で、バリ島の社会は「個人も村も、単純な変数の値を一方的に高めようとしない。そうではなく、なにか『安定性』とでもいうような高次元の変数の最大化を図るのである」[39]と

36　Bateson（1972=2000: p.451）
37　Bateson（1972=2000: p.452）
38　Bateson（1972=2000: p.190）
39　Bateson（1972=2000: p.191）

し、次のように述べる。

われわれは社会のメカニズムについて考えるとき、ほとんどの場合、社会を構成する個人が何らかの変数をできるだけ大きくする方向へ動くと考え、それを前提として社会機構のダイナミズムを記述していく。現在の経済理論にしても、個々の構成員がそれぞれの持つ経済的価値の最大化を目ざして動くことを前提としているし、わたしの出した分裂生成理論も、「威信」「自尊心」など(「服従」ですらそうだ)無形の、しかし単純な、変数の値をできるだけ大きくしたいという気持が人々にあることを暗黙の前提としていた。ところがバリの人々は、その種のどんな単純変数についても、その最大化を目指すことはない。[40]

ベイトソンによると、たとえば、当時のバリの人々の経済感覚は、「自分の資産を殖やせるだけ殖やそうといつも考えているものは極めて少数であって、その少数のものは、まわりから嫌われ、あるいは『変わり物』のレッテルを張られる[41]」というものだ。利潤の追求を目的とした経済活動は行われていなかったのである。

そして、バリ島の人々が、なぜ、経済や競争原理にしたがっているわけではないのに忙しく儀式を行い、芸術活動に打ち込むのかというと、「バリ島では、発展的でない変化を次々とつないでいくことで、定常状態が確保されているのだ」[42]という。

ベイトソンの思想を「科学を無視することなくかつ無意識の知に基づいている」[43]と紹介する歴史家のバーマンは、バリ論文の内容を次のようにまとめている。

> 重視されるのは現在における喜びであり、未来における報酬といったような考え方はバリ島人には無縁である。物事はすべてそれ自体において、それ自体のために行われる。人生それ自体もひとつの芸術作品として見られる。……何をするにしても、バリ島人にとって重要なのは最適化（optimization）であって最大化（maximization）ではない。たとえばバリ島の経済は利潤追求という動機からは説明できないし、バリ島の社会組織を地位

40　Bateson（1972=2000: p.188）
41　Bateson（1972=2000: p.183）
42　Bateson（1972=2000: p.193）
43　Berman（1981=1989: p.218）

や名声を競い合う個人や集団の集合体として捉えることも不可能である。[44]

累積的《るいせきてき》な――つまり、次第に大きくなっていきひとつの頂点《クライマックス》に達するような一連の行動のプロセスが、バリ島の人々にはみられなかったというわけだ。そして、社会組織のさまざまな細部に分裂生成のパターンへの嫌悪が埋め込まれているという。

社会の階層構造もカースト・システムと、村民同士の上下関係からなり、これが非常に堅固なため、地位を争うライバル関係が生じることは一切ないという。何らかの不祥事を起こして一時的にその地位に伴う資格を失ったとしても、復帰が認められた場合は以前と同じ地位に戻る。

また、長い時間相手の注意を自分の話に引きとめておくことや、演説をして集団の感情を盛り立てようとすることも忌むべきこととされている。たとえば、「物語を語るときも、語り手は語り続けることをせず、一つか二つのセンテンスを語ったところでポーズを置いて、誰かが筋の細部について具体的な質問をしてくるのを待つ。そしてそれに答えながら物語を続けていく」[45]というのだ。こうした手続きをとるのは、一方的な語りは、バリの人々にとって居心地の悪い相補的関係を進展させてしまうからだ。

バリの音楽や演劇も、クライマックスの欠如という特徴がある。「近代の西洋音楽に特徴的な、強度を次第に増しながらクライマックスへと盛り上がっていく構造はなく、よりフォーマルな規則性にしたがって楽音が流れていく」[46]。

ではなぜ、バリの人たちには分裂生成的な傾向、つまりもっと、もっと、もっと何かを求めていく傾向が確認できないのか。

まず、ベイトソンはそもそも、人間には累積的相互作用にのめり込んでいく傾向があるという仮説から出発している。実際、バリ島でも赤ん坊には「もっともっと」と何かを求める分裂生成的な傾向が確認できたという。

そんななかベイトソンが着目したのはバリ島人の育児法だった。たとえば、母親が子供に戯《たわむ》れを仕掛け、刺激された子供がそれに反応すると母親は子供の苛立ちをサラリとかわすなど、バリでは子供たちが競争と張り合いへ向かおうとする傾向が抑え込まれる場面がよく

44　Berman（1981=1989: p.241-242）
45　Bateson（1972=2000: p.181）
46　Bateson（1972=2000: p.178）

観察されたという。

まず母親が、子供のちんちんを引っぱるなどして、戯れの行為を仕掛ける。刺激された子供は、その反応を母親に向け、二人の間に短時間の累積的な相互作用が生起する。だが、そこで子供がクライマックスに向かって動きだし、母親の首に手を回したりなどすると、母親は自分の注意をサッと子供からそらしてしまう。この時点で子供は、別の累積的相互作用（感情の激発に向けて相互に苛立ちをつのらせていくタイプのもの）を仕掛けることが多いが、これに母親はのらず、見る側に回って子供の苛立ちを楽しみ、子供が攻撃してきたときも表情ひとつ変えずにサラリとこれをかわしてしまう。これは、子供がもっていこうとする種類の相互作用を母親が嫌悪していることのあらわれではあるが、同時にそれが、他人とそのような関わりをもっても報われないことを子供に教え込む、学習のコンテクストになっている点に注意したい。仮に人間が、累積的相互作用に走る傾向をもともと具えているとするなら、それを抑え込む学習がここでなされていくわけである。[47]

このようにバリ島には、対称型であれ、相補型であれ、分裂生成的な社会的相互作用の発生自体が抑え込まれるという文化があるのだ。

１９３０年代のバリ島は、単一の変数の最大化へ向かう行動が抑制される共同体であることをベイトソンは発見した。自然環境を破壊することもなく定常状態を保っているのが当時のバリの社会だった。

同時にベイトソンが指摘しているのが、未来の報酬を目的とした行動がバリにはない、という点だ。バリ島人の行動は未来に向けた目的遂行型ではなく、「その時々にふさわしいことを、村の衆全員で精一杯美しくとり行うことに見出《みいだ》される、直接的・内在的な充足[48]」だという。

バリ論文では、特定の何かをどこまでも増やそうとする「分裂生成型社会」とは異なる社会、調和とバランスが重視される「定常型社会」が描き出されている。このフィールドワークの記録とその精緻な考察は、資本主義経済が世界をほとんど覆い尽くしている現在、貴重

47　Bateson（1972=2000: p.177-178）
48　Bateson（1972=2000: p.184）

な記録となっている。

2・4　異なる思考習慣――「宿命論」と「目的論」

私たちの社会[49]では多くの事柄が分裂生成的に展開し、バリ島の社会はあらゆる事柄が非分裂生成的である、というところまでは確認してきた。

しかし、二つの社会の違いはこれだけではない。そもそもの思考習慣にも違いがある。ベイトソンはＡＡ研究やバリ論文とは別の論考で、異なる思考習慣を持つ文化をいくつか紹介している。そのひとつがトロブリアンド諸島の文化であり、彼らは「あたかもそうであるかのようにふるまうことが現実に物事をそうさせる、という思考パターンを繰り返しとる[50]」という。そして、報酬への期待がないわけではないが非常に希薄だという。こうした生をベイトソンは宿命論の一種として分類している。宿命論とは極端に言えば「こちらでどう働きかけようと関係なしに、すべては筋書きどおりに生起する[51]」という世界観だ。

他方で、バリ島の人々は苦痛の「回避」を基本とし、未来の報酬への期待は希薄だという。

彼らは世界を危険な場として認識し、お定まりの儀式と礼儀慣習のなかを反復的にめぐり続けることで、つねに存在する「陥落」——ステップの踏み違え——の危険を逃れようとしているのだ。彼らの生は、「おそれ」の上に組み上げられている。もっとも、ふつうはその恐怖を楽しんでいるかのように、彼らはふるまう。即時的で非目標的な価値が、恐怖を楽しむこととどこか通底するところがあるのだろう。ここにあるのは、自分たちの芸の腕前を頼みにスリルを生きる、アクロバット的な生である。[52]

49　ベイトソンは「西洋文化」について述べているが、日本もここに含めて問題ないだろう。
50　Bateson（1972=2000: p.252）「マリノフスキーの報告にドラマチックに描かれているように、当地の黒魔術師は呪文を唱える際、ほとんど生理的な極限と言えるほどに感情を激発させる。呪文の効能を、その強度に求めるやりかたには、……同じ手続きを正確に反復するところに、魔術の成功がかかっていると考える民族と比較すると、彼らの生きるコンテクストの特質は明瞭に浮き上がってくる。」（Bateson, 1972=2000: p.252）
51　Bateson（1972=2000: p.252）
52　Bateson（1972=2000: p.253）

そしてバリの子供たちは「生きるということを、充足感を終点とするシークェンス［筆者注：連続］からではなく、それ自体内在的に充足をもたらすシークェンスからなっているということを習得するように仕向けられる」[53]という。

ここまで、トロブリアンド諸島の「宿命論」とバリ島の「苦痛回避」という二種類のタイプの生をみてきた。

では私たちはというと、ベイトソンは「報酬を得ることと苦痛を避けることを動機とする、道具的[54]コンテクストを日常的に生きる」[55]のだと述べる。そして、「設定されたゴールにいかに行きつくのか、生得の欲求がいかに充足されるか、という思考パターンをみんな共有している。……行動を手段と目的とに分け隔てる習慣は、われわれ自身の文化的背景の中で身につけてきたものである」[56]とする。

日常が「報酬」の獲得と苦痛の「回避」の混合からなり、これらを実現するために私たちは絶えず環境を操作しているというのだ。これを単純化してここでは「目的論」と呼んでおきたい。

「目的論」的文化を生きる私たちは、苦痛を回避し、報酬を得るために、自己や他者や環境を操作する技術をひたすら学習することになる。こうした文化では、操作する主体としての

「魂の司令官」は強調され、むしろそれは強化されるべきものとみなされる。強い意志をもって己《おのれ》を律し、他者や環境をうまく操作できる人はこの社会では時に成功者とみなされる。何らかの報酬を得るか苦痛を回避するために、自己や環境を操作するのが私たちなのであり、この前提自体が問われることはほとんどない。

だが、こうした「報酬」の獲得と苦痛の「回避」を目的としたコントロール行動は、まさに依存症に伴う行動といえる。痛みから逃れるために酒を飲み、報酬を求めてギャンブルにのめり込む。痩せるために身体をコントロールする。目的のために、変えられないものも無理に変えようとする。

つまり、依存をめぐる行動はこの文化のなかで生じる避けられない現象なのだ。ひとたび

53　Bateson（1972=2000: p.252）

54　ここでの「道具的」とは〝instrumental〟の訳語である。訳者の佐藤良明は「目的志向性」や「到達の発想」などと訳した方がわかりやすいと述べている（Bateson1972=2000: p.257）。

55　Bateson（1972=2000: p.251）

56　Bateson（1972=2000: p.239）

苦痛を回避できたり報酬を得たりすると、その行動を繰り返して分裂生成を展開しエスカレートさせていく。個人の行動も組織の展開も同じだ。

ここまで理解すると、依存をめぐる問題が、私たちが生きる社会で必然的に生じる現象として浮かび上がってくる。そして、本書では、ダルクでも十二ステップ・グループでも、目的論に基づいた生き方や「魂の司令官」が手放されることを、後の章で確認していくことになる。

ダルクとＡＡの考察に入る前に、本書の結論を述べてしまいたい。

ダルクや十二ステップ・グループとは、ひとつの変数の最大化を抑制する共同体――もっともっとという分裂生成的なパターンを抑制する共同体だと本書では考える。そこでは、人々は、環境を操作する主体として肥大しきった自我《エゴ》（魂の司令官）を縮小させていく。同時に、人々の人生観は「目的論」から「宿命論」に近づいていき、起こったことをそのまま受け入れていく姿勢へと変容する。

これが、本書がとらえたダルクと十二ステップ・グループであり、そこでの回復だ。もちろん、別の視点から考察することもできるはずだが、これはベイトソンの眼差しを経由した本書なりのひとつのとらえ方である。

次章では、分裂生成理論を踏まえた上で、薬物依存の回復支援施設ダルクをみていく。

第3章　ダルク——薬物依存のリハビリテーション施設

せっかく四人も薬物依存症の仲間が集まったのだし、施設に何か名前をつけたくなった。そこで、ドラッグのD、アディクション（中毒）のA、リハビリテーションのR、センターのCをとって「DARC」にした。そして読み方は、「ダーク」では暗いからフランス風に「ダルク」とした。……結局、ダルクの最初の入寮者四人のうち二人は回復に向かい、一人は蒸発し、一人は天国に行ってしまった。

（近藤 2009: p.69-74）

3・1　ダルクは日本の薬物問題の受け皿

ダルクの創設者である近藤恒夫《こんどうつねお》（1941-2022）は、1941年（昭和16年）に秋田県で生まれた。覚醒剤をはじめて使ったのは、三十歳の秋、大型フェリーのなかだった。当時、近藤はフェリーでレストランやバーなどをとり仕切る調理部門の責任者として働いていた。昼夜問わず働き、異例のスピード出世で成功していたが、職場の人間関係で気持ちがすさんでいた時期だった。

歯ぐきがひどく痛む。風邪で体の節々も痛い。長距離トラックのドライバーに「歯の痛みなんか、アレをやれば一発で治るよ[57]」と言われたのはそんなある日のことだ。〝アレ〟がシャブを指していることはすぐにわかった。

近藤は覚醒剤で破滅していく人を山ほど知っていたのに、その日はなぜだか、「シャブで治るのか？　ホントかよ」と心が動いたという。気持ちのすさみや痛みなどのタイミングが重なった。こうして覚醒剤をはじめて使い、そのまま覚醒剤にはまった。覚醒剤を使う前からギャンブルの問題もあった。

三十七歳の時、家族に迫られて入院した精神科で出会ったのが、後に一緒に活動をしていくことになるロイ・アッセンハイマー神父（1938-2005　アメリカ合衆国生まれ）である。ロイ神父は、メリノール宣教会の司祭で１９６５年（昭和40年）に来日し、北海道で宣教師として活動していたがアルコール依存症になってしまったのだ。

ロイ神父は「私は神父ですが、アル中です」と近藤に言うと、ＡＡの活動の話をし、近藤をミーティングに連れて行った。しかしこの時はまだ、近藤の心にＡＡは響かず、三十九歳の時、覚醒剤取締法違反で逮捕された。それでも、近藤が収容されていた札幌拘置所にロイ神父は毎週一回面会に訪れ、近藤が出所したその日に、近藤の部屋を訪ねてＡＡミーティングへと誘った。

こうして近藤はミーティングに通いはじめ、仲間の断酒を助けながらクリーン（断酒・断薬）を続けた。回復の道を歩み、その後、アルコール依存者のための施設で所長になったが、次第に、薬物依存者の施設が必要だと思うようになっていった。

57　近藤（2009）を参照し、会話文も近藤（2009）から引用した。

このような経緯を経て、近藤が1985年（昭和60年）に東京の荒川区に作ったのが本章で考察していくダルク（Drug Addiction Rehabilitation Center）である。

ダルクは、入寮型の施設（通所利用もできる）で、薬物依存者同士の共同生活を通して回復を支援してきた。ダルクの元入寮者を中心とする薬物依存者たちが全国各地に次々とダルクを創設し、2021年の時点では、北海道から沖縄まで日本全国に八十九施設（六十三団体）ものダルクがある。[58]

私がはじめてダルクを訪れたのは2011年だったが、少なくとも当時の私はダルクのことをほとんど知らなかった。その後、薬物を使用した著名人がダルクスタッフをしている時期などもあり、ダルクはマスコミでもとりあげられるようになった。

たくさんの薬物依存者がダルクで生活をし、ダルクに通い、スタッフとして働いており、いまやダルクは、日本の薬物問題の受け皿として重要な役割を担っている。他方で、新たなダルクの開設をめぐっては、地域住民から激しい反対を受けるなど、薬物依存の社会内リハビリテーション施設への風当たりはいまなお強い。

ダルクではいったい何が行われているのか。ダルクとはどのような特性を持つ施設なのか。これが本章の問いだ。

3・2　ダルクでは何が行われているのか

四つの疑問

薬物問題には、社会レベルから個人レベルまで、さまざまな介入／支援が行われてきた。代表的なものは、薬物使用を犯罪・司法問題としてとらえる「司法モデル」（刑務所での更生プログラムなど）と、薬物使用を精神疾患・医療問題としてとらえる「医学モデル」だ。司法モデルも医学モデルも専門家主導であり、ここでの介入／支援では、薬物使用者を「更生」させ、「治療」することで社会への再適応を目指すことが基本となる。

しかし、そのどちらのアプローチでもなく、薬物依存者たちが主導し、日本で独自に展開

58　ＮＰＯ法人日本ダルクホームページ（「全国のダルク」http://darc-ic.com/darc-list-3-2-2/）。２０２１年9月の段階で、韓国にも三施設（三団体）ある。

していった施設がダルクだ。

ダルクは、薬物依存者に共同生活の場を提供し、薬物を使わない生き方ができるよう支援する民間の施設である。入寮者をNAにつなげる役割も果たしている。NAにつなげるというのは、入寮者がダルクを退寮後もNAメンバーとしてNAのミーティング（参加者が順番に自分自身の話をし、互いの経験をわかち合う場）に継続的に参加するよう促すという意味だ。[59]

こうしたダルクは、薬物使用をやめることだけを目的とする施設ではなく、薬物使用へと至るような〝生き方〟を変えるための場所なのだという。

では、ダルクでは、何が行われており、そのことによって人々の生き方はどのような方向へと変容していくのか。

たとえば、ダルク創設当時の資料を分析した研究に、ダルクは「承認」と生活の「保障」の共同体だとするものがある。[60]たしかに、人々はミーティングなどを通じて仲間から「承認」され、金銭面以外でもさまざまな生活の「保障」を受けられる。だが、私には、こうした説明だけではダルクでの〝新しい生き方〟は理解できなかった。

そこで、ダルクについての疑問を四つにまとめた。[61]

Ｑ１　なぜ、入寮者は一日に三回ものミーティングに毎日出なければならないのか。
Ｑ２　なぜ、就労よりもミーティングが優先されるのか。
Ｑ３　なぜ、毎日の生活費は、使い切ることが推奨され貯蓄が忌避されるのか。
Ｑ４　なぜ、本名ではなく全員がニックネームを使っているのか。

それぞれの疑問に対してだけなら、ある程度納得のいく答えは比較的容易に思いつく。たとえば、Ｑ１には、一日三回ものミーティングがあるのはミーティングに通う習慣をつけるためだとか、Ｑ２には、仕事よりも回復が優先されるとか、Ｑ３には、薬物を買う金ができ

59　ダルクにもよるが、私がフィールドワークをしてきた二カ所のダルク（XダルクとYダルク）では、十二ステップ・プログラムの一から三までを踏むことになっている。そして退寮後は、NAメンバーとしてNAミーティングに通うと同時に、ステップ四以降に取り組むことになる（ステップについては第4章で説明する）。
60　平井（2013）
61　中村（2016）

る恐れがあるから貯金を避けるとか、Q4には、犯罪歴がある人もいるから匿名性が保たれているなどだ。

だがこれら四つが、なぜ、同時に、ダルクで行われているのか、ということになるとこれはどう理解すればよいのか。

ここで生きてくるのが第2章で確認してきたベイトソンの考察だ。本章では、私がダルク研究会のメンバーとともに行ってきた二カ所のダルク（XダルクとYダルク）でのフィールドワークを紹介しながら、ダルクとは、ひとつの変数（金、人望、権力など）の最大化を抑制する共同体であることを示す。

ダルクでの生活

Xダルクは常勤スタッフ三名、非常勤スタッフが二〜三名、入寮定員は九名で、Yダルクは常勤スタッフ五名、非常勤スタッフが二名、入寮定員は十三名である。[62] スタッフは全員ダルクに入寮経験のある元薬物使用者である。入寮期間は個人によって異なるが、両ダルクともに二年が退寮の目安とされている。もちろん、ダルクに入寮しても必ずしも薬物使用がとまるわけではなく、入寮後の経過も退寮後の生活もさまざまだ。[63]

入寮者の一日の活動の中心はミーティングにある。午前と午後は施設内（あるいは、併設施設）で行われるミーティングに、夜は各地の公民館や教会で行われているNAミーティングに参加する。ダルク創設者の近藤も「一日三回のミーティングに出席することだけが、ダルクの唯一の規則である」[64]と述べているように、ミーティングへの参加は何よりも重視されている。

その他、バーベキューやクリスマス会、ソフトボール大会なども行われる。プログラムに、畑での農作業や琉球太鼓をとり入れているダルクもある。NAのイベントへの参加もあり、NAコンベンションでは海外を含めて全国から仲間が集まる。[65]

月額の入寮費はXダルクは十二万円、Yダルクは十六万円[66]で、ここには本人の生活費・交

62　2021年現在。スタッフ等の人数は変わる。
63　ダルクでの生活の詳細は、入寮者のライフヒストリー集（ダルク研究会編 2013）と、ダルクスタッフのライフヒストリー集（南・中村・相良編 2018）で詳細にとり上げている。また、ダルクでのフィールドワークをまとめたものに相良（2019）がある。
64　近藤（1997: p.149）
65　2020年と2021年は新型コロナウイルス感染症の流行のため、こうした従来通りの活動は制限されていた。

通費、プログラム費、家賃などが含まれる。生活保護を受け、それを入寮費に充てている入寮者も多い。

ダルク創設者の近藤が、「私の唯一の自慢、誇りは、ダルクを必要とする人、ダルクのドアをたたき、入寮を希望した人は、すべて受け入れてきたことだ」[67]と述べているように、基本的にすべての入寮希望者が受け入れられる。入寮後に薬物を再使用しても排除されることはなく、回復に向けて何度でもチャレンジできる。入寮したダルクでうまくいかない場合や本人により適した環境のダルクがある場合は、他の都道府県のダルクに移動もできる。全国の各ダルクはそれぞれ独立しながらも、入寮者を互いに受け入れ合ったり、合同イベントを開催したりするなどして、緩やかに連携している。

一日三回のミーティング

ミーティングはダルクの生活の中心にあるが、そのルールは「言いっぱなし、聞きっぱなし」だ。話し手は自由に話をし、参加者は黙って仲間の話を聞く。参加者の話の批判や評価をしてはいけない。

だが、入寮者は連日、しかも一日に三回ものミーティング（スリー・ミーティング）に嬉々として参加しているわけではない。〈誰もね、望んでダルクに入寮してくる人なんていないと思います〉。そう語ったのは当時の入寮者Aさん（男性／三十代前半［インタビュー時の年齢］／覚醒剤［主に使用していた薬物］）だ。Aさんは入寮当初はミーティングが〈しんどかった〉という。

〈最初しんどかったんですよね、一日三回ミーティングするのが。……何の意味があるのかわかんなかったんですよね。……途中まで生き方を変えるとこだって知らなかったんですよね。薬やめるだけの場所だって思ってましたから。〉（2011.7［インタビュー実施日］）

元入寮者Bさん（男性／二十代後半／覚醒剤・睡眠薬）も、入寮して四カ月しかたっていない頃に私が行ったインタビューでは、ミーティングは〈好きじゃないし〉、〈めんどくさ

66　2021年現在。入寮費には多少の変動はある。
67　近藤（1997: p.134）

い〉、〈何の意味があるんだろう〉（2012.1）と語っていた。

ミーティングの意味は説明されるわけではないため、入寮者は何度もミーティングに参加するなかでそれが持つ意味をつかんでいくしかないが、ミーティングへの参加によって入寮者の一部は変化していく。元入寮者Cさん（男性／三十代後半／咳止め薬）も、入寮した当初はミーティングが苦痛で、〈綺麗事ばっか言って〉いたというが、入寮後二～三カ月たった頃から、そうした自分の態度が次第に変わっていったと語る。


〈前はなんかまわりの目を気にして、いいこと言わなきゃみたいな、正当なこと言ってたんですけど。なんとなく人の話を聞いてても、そういうのってわかるじゃないですか。……心にしみるというか。うん。すんなり入ってくるっていうのは、どちらかというと綺麗事っていうよりは、ま、意味不明でもなんか、本音で話してる人なんだろうなっていう。うん。……そっからですかね。できるだけ正直、正直っていうより、聞かせるために話す、ではなくて、ただ自分の思ったことを話すっていうことに変わっていったっていうのは。〉

（2012.2）

ミーティングでは社会的によいとされることを話しても誰からも褒められないし、過去に犯した罪や心の内の醜い感情を語ったところで誰からも裁かれない。周囲の人々の要求を満たすことが習慣になっていて、自分の感情がわからなくなっている依存者もいるが、褒められもせず裁かれもしないミーティングでは正直に話せるようになる。

ダルクでは正直になることは回復へのプロセスとして重要視されている。とはいえ簡単に正直になれるわけではない。ダルクスタッフの幸田さんは、ダルク入寮当時を次のように振り返る。「正直になっても大丈夫という安心感が持てるまでには、時間をかけて一つ一つ信頼関係を築いてきた結果であって、単に『薬物依存者同士だから』という共通点だけで持てる関係ではない[68]」。

ミーティングに関するこれまでの研究では、参加者の語りの内容やその変容が着目されてきた。私が行ったインタビューでも、Cさんのように〈聞かせるために話す、ではなくて、ただ自分の思ったことを話す〉ようになるなど、語りの変容は確認できた。

68　幸田（2018: p.76）

だがここでは、語りの内容やその変容だけではなく、ミーティングに一日に三回も参加し、仲間とともに忙しく日々を送ること自体にも着目したい（ミーティングについては第4章で再度考察する）。

まず、薬物を使う時間を作らないために忙しくするだけであれば、アルバイトや職探し、ボランティアといった活動でもよいはずだ。アルバイトやボランティア活動を通じて社会的な承認や自己肯定の感覚を得ることも可能だろう。しかし、ダルクではミーティングが最も重視されている。

第2章で述べたように、ベイトソンは「経済性にも、競争の原理にもしたがっているわけではないのに、なぜあれほど忙しく儀式を取りおこない、芸術活動に打ち込むのか……バリ島では、発展的でない変化を次々とつないでいくことで、定常状態が確保されているのだ」[69]と述べている。こうした視点からとらえなおせば、ダルクでは、ミーティングを生活の基本に据えることによって金銭の追求や他者との競争——これはエスカレートしがちな分裂生成的行動でもある——と距離を置いた生活の構築が目指されていると考えることができる。

同様のことが、日々の生活費の使い方からもみてとれる。

生活費の使い方

Cさんは、入寮中の生活費の使い方について、次のように語っていた。

〈ダルクのなかの常識ってちょっと、外と違うとこあるじゃないですか。……たとえば、［一日の生活費として］二千円もらって使い切らなきゃいけないみたいな。……使い切るのもひとつのプログラムっていう。……それって結構なんつーんすか、普通とは違うじゃないですか。やっぱり。〉（2012.2）

この語りからわかることは、まず一日の生活費は使い切ることが基本であり、それもまた回復のプログラムのひとつとされている点である。一般的には、無理をしてまでその日の生活費を使い切るよりも貯蓄することが推奨されるだろう。しかし、ダルクではこの点が〈外と違う〉。

69　Bateson（1972=2000: p.192-193）

Yダルクの責任者であり創設者でもあるDさん（男性／四十代前半）は、生活費を使い切る習慣について、次のように答えてくれた。

〈ちゃんとその日の生活費をその日に使うっていう。……お金を貯めないで使い切りなさいって、普通じゃ逆ですよね。……使い切りっていうのはいろんな意味があると思いますね。……お金を持っていることによって［薬物の］引き金になるってことは十分にあるので、それを防ぐためでもあるし、ちゃんとした食生活に戻るということもありますし。〉（2013.6）

毎日の生活費を使い切ることには、いろんな意味がある。ダルクでは、経済活動が生活の中心に置かれていないだけでなく、さらに、金銭を貯めるという行動も抑制されていた。私たちの社会の価値観や常識とダルクで行われていることとの違いは、経済の領域だけにとどまらない。次にみていきたいのが、ダルクの人間関係である。

対等な人間関係と匿名性

Bさんは、かつては詐欺グループに属して薬物を使用しながら暮らしていた。〈人を信用したらお金とられたり、騙されて馬鹿をみるって思ってて。ずっとそういう考えでやってきて、自分もまあ人を騙してお金を盗んで稼いだりとかして〉（2012.8）生きてきた。当時は、〈相手に怪我をさせたり、傷を負わせたり、手を出すっていうか、そういうことが自分の力を示す唯一の手段〉（2012.12）だった。

こうしたBさんは、ダルク入寮当初は、自分は〈こいつら〉とは違うと周囲の仲間を見下していたと語る。

〈最初NA行った時も、自分としてはなんだこいつらみたいな。……こいつらと俺はやっぱ違うんだっていうのを自分に言い聞かせてたぐらいなんですよ。俺、病気じゃないし、クスリにも支配されてないって。で、なんかおかしな奴がいたりしたら、すごい見下してたんですよ。でも、どういう仲間に対してもZさん［入寮していた仲間］ははじめて会ったら「Zです」って頭を下げて、ハグとかそういうアクションを求めたりとか、新しく来た仲間にコーヒーを出したりとか。くだらねえって最初思ってたんですけど、なんかそういうのすごいいいなっていうか。……俺こんなとこ来てまでこんな意地張って、まわりの奴こうやって睨《にら》んだり、そんなことしてる自分がZさんをみたりしてて恥ずかしくなって。〉(2012.8)

Bさんの語りからは、ダルク入寮後には、誰かを睨んだり、他者を見下すといった行動の評価が変わっていることがわかる。ダルクでは周囲の人間に対して自分の力を誇示する必要はなく、誰かに従う必要もない。皆、対等なのだ。

Yダルク責任者のDさんは、〈いま、僕ができることは、ここが安全な場所であることを確保する〉ことだと話してくれた。そして、安全な場所であるための具体的な工夫として、まず挙げられたのが〈薬を持ち込ませない〉ことで、次に挙げられたのが人間関係であった。Dさんは、〈上下関係をなくすというかね。上下関係があっちゃいけないと僕は思ってるんですよ。絶対に〉と語る。

〈古い人が威張《いば》ってとか、古い人の顔色うかがってとか、古い人が何もしないで一番風呂入ったりとか。……新しく来た人が本当にそうやって古い人に気を遣わないで［いられるように］。……新しい人はここにミーティングに来るだけでもしんどいんだから、他の人に気を遣わせないというか。うん。で、多分それっていうのはメンバーにとって一番安全なことなのかな。そこがあると余計なことまでね、気遣っちゃうし。……ここには利害関係がある、騙したり騙されたりとか、どの人が一番そのなんていうのかな影響があるとか、そういう世界にずっと生きてた人たちが多いので、ここではそれをなくすようにもっていこうとはしてますよね。〉（2011.5）

Dさんが確保しようとしている安全な空間とは〈生活する安全面じゃなく、なんていうのかな、気持ちのなかの安全というのかな。……ここにいてもいいんだって思えるようなね〉というものだ。そして、安全な場所であるために、上下関係のない人間関係が意識されていた。

さらに、特定の個人が他の個人に優越することを抑制しているのがアノニミティ（匿名性）の原理である。ダルクでは、入寮者もスタッフも、全員、本名ではなく自分でつけたニックネームを使用しており、この慣行はダルクが依拠するNAの原理に由来している。

無名にとどまるというスピリチュアルな原理によって、グループのメンバーは全員が対等になる。どのメンバーもほかのメンバーより上だとか、下だとかいうことはない。セックスや所有欲、社会的な地位となると、私利私欲が頭をもたげ、そのために昔はずいぶん苦しい立場に追い込まれたが、無名にとどまるという伝統を守っているかぎり、そのような欲望が顔を出す余地はない。無名であることは私たちの回復の基本要素であり、それは私たちの伝統とNAという集まりのなかに深く浸透している。[70]

このように、誰もが匿名であることで、特定の個人が突出したり、競い合うような関係性が排されている。人間関係上の優位を求めるような分裂生成的な行動も忌避されているのだ。

Just for Today

ダルクでは、「今日一日」あるいは「今日だけ」という言葉が毎日のように使われる。スタッフのEさん（男性／四十代前半）は、「今日一日」という言葉を先行く仲間から言われ続けたという。そして、〈計画は立てるけど、生き方としては今日一日ですよね。今日一日の積み重ねでいいわけだから〉(2011.9) と語っていた。Aさんも、時々薬物への欲求が入ると〈今日使わない、明日使おうって思ってやれば明日になったらまた今日使わない、明日使おうっていうふうに……考えてみたり〉(2011.8) と語っている。

先にも紹介したが、ダルクの出版物では、この「Just For Today (今日一日)」という言葉は、次のように説明されている。

これは「今日一日を精いっぱい生きる」という意味で、ダルクの合言葉です。……すでに過ぎ去ってしまって、いまさらどうにもならない過去、いったいどうなるかわからない未来に振り回されるのはやめて、今ここで、今日一日を、精いっぱい生きることができますように。そういう気持ちを表しています。[71]

70　Narcotics Anonymous World Services (2006: p.121)
71　東京ダルク支援センター編 (2010: p.2 [表紙裏])

ベイトソンは、バリの人々の活動について「そこにあるのは、未来に照準を定めた目的遂行型の行為ではなく、その時々にふさわしいことを、村の衆全員で精一杯美しくとり行うことに見出される、直接的・内在的な充足[72]」なのだと述べる。ダルクでもまた、今日一日を精一杯生きることが重視されていた。

3・3 新しい生き方をはじめる場所

新しい生き方

本章を振り返ると、ダルクでは、経済活動や競争を伴う活動ではなく、一日に三回のミーティングやさまざまな活動によって仲間たちのなかで毎日を過ごし、貯蓄をせずに決められた生活費を使い切り、ニックネームを使うことによって対等な人間関係が目指され、未来や過去にとらわれずに今日一日を精一杯生きることが推奨されていた。

つまりダルクでは、分裂生成的な、「もっともっと」と次第にエスカレートしていく行動が忌避されているのであり、さまざまな形で「ひとつの変数の最大化」が抑制されていると考えることができる。ここから本書では、ダルクとは「ひとつの変数の最大化」の抑制を図る共同体である、ということを提示したい。

こうしたダルクは、薬物依存という「生きづらさ」だけでなく、金銭の追求、競争や張り合い、支配と服従といった分裂生成を生み出す現代社会の「生きづらさ」からの解放を目指す共同体としてとらえることもできる。そして入寮者はダルクという総合的な環境のなかで変わっていくのであり、ここでの回復は、単に薬物をやめるといった部分的な回復ではない。薬物をやめるだけの場所ではなく、新しい生き方をはじめる場所だというのは、このような意味だ。

なお、回復というと、依存者の変容ばかりに着目しがちだが、変わらない人や変われない人もいる。ダルクは、このような変わらない人も受け入れている。たとえば、各地のダルクを転々としつつ、薬物を使うことなく暮らしている入寮者もいる。精神疾患を抱えているなどの事情で就労して自立した生活ができなくても、ダルクのネットワークのなかでなら生活

72 Bateson（1972=2000: p.184）

していける人もいるのだ。

第1章でみてきた〝平安の祈り〟では、「変えられないものを受け入れる落ち着き」と「変えられるものは変えていく勇気」を与えてくれるよう祈る。ダルクもまた、人を変えていくだけではなく、変われない人を受け入れてもいる。

地域のなかのダルク

ダルクは薬物依存者が集まって生活する場である以上、その開設を地域住民に反対されることもある。Yダルクを運営するDさんも、やっていることは素晴らしいことかもしれないが、うちの隣ではやらないでくれという人がほとんどだと思うと語っていた。そして、〈薬物依存症のリハビリ施設である以上、それは必ずあると思う〉と語る。

地域の人々の気持ちを考慮しつつ、それでも社会から隔絶された場所にではなく、人々が暮らす地域のなかにダルクを作るのは、〈社会のなかでクスリを使ってきたわけだから、社会のなかでじゃないとリハビリできない〉からだ。その分、ダルクで問題が起きれば地域で叩かれる。Dさんも日々、注意を怠れないという。

〈だから、なおさら注意を払いながらやっていかないと。入れ墨がある人は表に出る時はね、長袖Tシャツを夏でも着ていって下さいって言うのは、彼らはいままでは誰にも注意されることなく、誰にも迷惑かけてないと思ってたけど、やっぱり入れ墨の人が家の近くを歩いてるだけで怖いじゃないですか。……そういうことに気をつけることも、社会復帰に向けたリハビリです。〉（2011.10）

こうしたなか、ダルクは日本全国のさまざまな地域に作られ、受け入れられてきてもいる。たとえば、Dさんはかつて入寮していたダルクについて話してくれた。

〈小学校の目の前の通学路、ダルクができた途端、通学路が変わっちゃったっていう。でも、いまではその学校に一年に一回薬物の教室でダルクの職員が必ず行って六年生にお話ししてますからね。やっぱり、それは二十何年間の歴史のなかでそうなったっていう。はじめから、ダルクやってますからって言ったって理解されようがないですよね。〉（2011.10）

薬物依存者たちが集団で生活をするのがダルクなのであり、周囲が不安を持つのは仕方がない。それでもたくさんのダルクが、時間をかけて地域と信頼関係を築き、地域に溶け込んでいる。これもまた、日々の行動の積み重ねの結果だ。

現在はダルクも増え、しっかりと運営されているダルクばかりともいえないという。そのため、「ダルク」という名前が付いている施設だからといって手放しには評価できないが、私がフィールドワークをしてきた二つのダルクは、以上の通りだった。

次章では、十二ステップ・グループの考察に入る。ＡＡやＮＡは回復をサポートするだけのセルフヘルプ・グループではない。十二ステップ・グループは、二十世紀に誕生した、特異な共同体なのだ。

第4章　十二ステップ・グループ——依存症の回復コミュニティ

かつてないほどに今、権力、地位、富に対する闘争が、人同士の争い、家族同士の争い、グループ同士の争い、国家同士の争いにまで発展し、この文明を引き裂いている。

このような猛烈な競争にかかわっている人たちはみな一様に、自分たちが目的とするものは、自分たちのための、人々のための、そして国家のための平和と正義であると表明している。彼らは言う。

「われわれに権力を与えてくれ。そうすれば、正義を行うことができる。名声を与えてくれ。そうすれば偉大な模範を示すことができる。金を与えてくれ。そうすれば安らかで幸せに暮らせる」

世界中の人々が深くそう信じており、そう行動する。このぞっとするような、しらふの酔っぱらいの状態で、社会は袋小路の道をよろめきながら下っている。

(Alcoholics Anonymous World Services 2005[1990]=2005[1990]: p.429-430)

4・1　十二ステップ・グループの歴史と現在

AAの誕生

ＡＡの創設者であるビル・ウィルソン（Bill Wilson, 本名 William Griffith Wilson 1895-1971）は、１８９５年（明治28年）にアメリカのバーモント州で生まれた。第一次世界大戦中に兵役につき、ここで酒を覚えた。二十二歳で兵役を終えると法律を学びウォール街で働いた。法科の期末テストでもひどく酔っていたというから既に酒の問題はあった。１９１８年（大正７年）にはロイスと結婚し、１９２０年代後半の好景気で経済的に大きな成功を収めたが酒量は増え続け、酒へのコントロールは失われていった。社会的成功の真っ只中でアルコール依存症になる者もいるが、ビルもそうだった。何も不幸な出来事だけがアルコール問題を助長するわけではない。もちろん仕事は次第にできなくなっていった。

１９３４年（昭和９年）、三十九歳になるまでビルの飲酒は続いた。この年の冬に、学生時代の友人でひどい酒飲みだったエビーがビルを訪ねてきたが、その時のエビーはしらふではつらつとしていた。「信仰を持ったんだ」とビルに語ったエビーは、オックスフォード・

グループという宗教グループのメンバーになり、そこでアルコールの問題を克服したというのだ。

ビルはエビーの話を興味深く聞いたが、エビーが使う「神」という言葉が気にくわず、反発を感じた。だがエビーは、「自分で理解できる神の概念を選べばいいんだ」と言い、自分の経験を話すだけでビルを説得しようとはしなかった。

そんな頃、ビルは四度目の入院中の絶望のなかで、あるスピリチュアルな体験をした。AAメンバーに広く知られているビルのこの体験は、次のように記されている。


私の落ち込みはさらに耐えがたいほどに深まり、ついには奈落の底に落ちてしまったようだった。私にはまだ、自分より偉大な「力」という概念には吐き気がするほどの嫌悪感があった。しかしついに一瞬にして、私の高慢な頑固さの最後の名残も崩れ去った。不意に、私は叫んでいた。

「もし神が存在するというのなら、頼むから姿を見せてくれ！　何でもする。何でもするから！」

にわかに部屋が霊光で満たされた。私は言葉では言い表せない忘我の境地に魅了されていった。心の眼で見ると、私は山上におり、そこにはスピリチュアル（霊的）な風が吹いているようだった。……偉大な平安がいつしか私の心に広がってきた。[73]

翌日、ビルはエビーが持ってきてくれたと思われる、心理学者ウィリアム・ジェイムズの『宗教的経験の諸相』をむさぼるように読んだという。

たしかに、この本には宗教的な回心によって酒を飲まなくなったという事例が複数紹介されている。また、宗教による自己変容が考察されているこの書籍では、ＡＡのプログラムで決定的に重要な役割を果たしている考え方──すなわち、自己放棄[74]や利他性[75]なども述べられており、ＡＡのプログラムの核心ともいえる「大いなる力[76]」という言葉を見つけることもできる。ビルがこの本からかなり大きな影響を受けたと考えることは妥当だろう。

73　Alcoholics Anonymous World Services（2005[1990]=2005[1990]: p.94）

74　ジェイムズは宗教心理学者スターバックを次のように引用している。「個人的意志は放棄されなければならない。多くの場合において、人間が反抗することをやめるまでは、すなわち、人間が行こうと望んでいる方向に向かって努力することをやめるまでは、救いは頑として来ることを拒むのである。」（James 1902=1969［上］: p.314）

病院を退院するとビルはすぐにオックスフォード・グループに参加し、それから半年間、アルコール依存者たちに酒をやめさせようと動きまわったものの、見事に誰の酒もやめさせることはできなかった。けれども断酒を続けている者が一人だけいた。ビル自身だった。人の酒をやめさせようとしている間、ビル自身は酒をやめられていたのだ。

酒をやめたビルは、ある時、出張先のメイフラワーホテルのロビーでバーから漏れてくる酒場特有のざわめきに引き寄せられそうになり、酒を飲んでしまう恐怖に襲われた。だがこの時ビルは、他人を助けている間は自分が飲まずにいられたことに徹底的に気づいた。するとビルは自分以外のアルコール依存者を助けるため、公衆電話からオックスフォード・グループのメンバーにかたっぱしから電話をかけまくった。自分が飲まないでいるために、ビルは、アルコール依存者を助けることを求めたのだ。

こうして人を介して知り合ったのが外科医のボブ・スミス（Robert Holbrook Smith 1879-1950）だ。１９３５年（昭和10年）５月、ビルは三十九歳、ボブは五十五歳。ボブも重度のアルコール依存症だった。

ビルとはじめて会った日、乗り気のしないボブは十五分で帰ると妻のアンに約束させたが、結局ビルと六時間以上語り合うことになった。ビルとの語らいの結果、ボブはきっぱり酒をやめたがその数週間後、医学会に行く途中の列車のなかで酒を飲んでしまった。連続飲酒でボロボロになったボブをビルとアンとで自宅に連れ帰ってきたが、三日後にはボブにしかできない手術の執刀が控えていることがわかった。飲み過ぎていれば手術はできないし、かといって酒が切れれば離脱症状で手がぶるぶると震えてしまう。

１９３５年６月10日、手術の当日、ビルは車でボブを病院へ送って行き、震えるボブにビールを一本手渡した。その酒でボブは手の震えと神経を鎮めて、メスをとることができるからだ。これが、ボブが最後に酒を飲んだ日であり、ＡＡが創設された日とされている。

ＡＡはこのようにしてはじまったのだ。

75　十九世紀に出版された文献からジェイムズは次の箇所を引用している。「わたしはひざまずいて、自分のためにではなく、他の人々のために祈っていた。わたしは神の意志に身をゆだねていた。そして、神がその目に善しと見給うままにわたしになし給うことを望んだ。わたしの関心はすべて他人のための関心のなかに失われてしまったように思われた。」(James 1902=1969［上］: p.325) 他人のために祈るなどの表現は、ＡＡの書籍でも用いられている。

76　ここでもスターバックが引用されている。「人間は緊張をゆるめなくてはならない。すなわち、彼自身の存在のなかに湧き出てきつつある、義を助成してくれるより大いなる力に頼らなければならない。」(James 1902=1969［上］: p.317-318) 大いなる力は、ＡＡでは「ハイヤーパワー」「自分より偉大な力」などとも表現されている。

ビルはＡＡを「医学と宗教と私たちの経験とで紡ぎ出された命綱[77]」と表現している。
まず、「医学」について。医師のシルクワースは、アルコール依存者は身体的にアルコールにアレルギーがある、つまり少量でも酒を摂取すればアルコールへの渇望がとまらなくなる体質なのであり、そうであれば酒を一切飲まないでいるしかないことを発見した。ビルはこの医学的知識をシルクワースから受け継いだ。

次に、「宗教」について。ＡＡの伝統には心理療法家カール・ユングが登場する。ユングが、彼の元を訪ねたアルコール依存者（ローランドという）に、精神科での治療では限界があるがスピリチュアルな体験によってアルコールへの飽くなき欲求がとり除かれることがあると伝えたためだ。ローランドはその後、スピリチュアルな体験を求めてオックスフォード・グループの活動に参加し、そこでアルコール依存からエビーを救ったという経緯がある。ビルはエビーを経由して、宗教的な枠組みをオックスフォード・グループから受け継いだ（宗教的な「枠組み」と記載したのは、ＡＡは宗教組織ではないからだ）。

そして、ここにビルとボブとたくさんのアルコール依存者の「経験」を加え、「医学」「宗教」「私たちの経験」を合わせて作り上げられたのがＡＡだ。

世界に広がる十二ステップ・グループ

１９３７年（昭和12年）の中頃までは、ＡＡはオックスフォード・グループとともに活動していたが、その後、グループの目的をアルコール依存からの回復のみに特化するため独自の道を歩むことになる。１９３９年（昭和14年）にはＡＡメンバーは百人に達し、ＡＡの基本テキスト『アルコホーリクス・アノニマス』（初版本が分厚かったことから〝ビッグブック〟と呼ばれる）が出版され、ここで回復のためのプログラム「十二のステップ」が示された。１９４６年（昭和21年）にはＡＡというコミュニティを維持するための「十二の伝統」が定式化され、出版された。

このようにしてＡＡで誕生した十二ステップ・プログラムは、他の依存問題にも用いられるようになり、薬物依存、ギャンブル依存など新たなグループが次々と作られていった。

現在、およそ百八十以上の国と地域に十万以上のＡＡグループが存在し、メンバー数は二百万人以上とされている。[78] ２０１８年の時点で〝ビッグブック〟は百八十カ国以上、七十言

77　Alcoholics Anonymous World Services（2005[1990]=2005[1990]: p.116）

語に翻訳発行されている。[79]

１９５３年（昭和28年）に設立されたＮＡは、１９７８年（昭和53年）には三カ国にしかなく登録されたグループ数は二百に満たなかったが、１９９３年（平成5年）には六十カ国、２００５年（平成17年）には百十六カ国で二万千五百以上ものグループへと増え続けている。２０１６年（平成28年）には、百三十九カ国にＮＡのグループがある。[80]

日本では、１９７５年（昭和50年）に東京の蒲田で最初のＡＡミーティングが開かれ、１９７９年（昭和54年）にビッグブックの日本語翻訳初版が発行された。２０２０年（令和2年）にはＡＡは45周年を迎え、現在、六百以上のＡＡのグループが存在し、メンバー数は五千七百人以上と推定されている。[81] 日本でもＮＡ、ＧＡ、[82] そしてAl-Anon[83]、Nar-Anon[84] などさまざまなグループが活動している。

このように現在、十二ステップ・グループは世界中に普及し、依存者のサポートと彼らの回復に大きな影響力を持っている。世界中に展開する十二ステップ・グループのメンバーの数はもはや数えきれないほどだ。

ＡＡメンバーがまだ数十人ほどしかいなかった１９３９年（昭和14年）に、ビルはある希望をビッグブックに記した。

将来は、よその土地へ出かけるアルコホーリクが必ず訪問先でアルコホーリクス・アノニマスの集まりを見つけられるようになることを願っている。[85]

この希望が、現在、地球規模で実現している。

依存症を抱える人々の相互支援グループはかつても現在も複数あるが、存続し続け、かつ

78　ＡＡ日本ゼネラルサービス・ホームページ（https://aajapan.org/introduction/）

79　ＡＡ日本ニューズレター No.192［2018. 10.20］（https://aajapan.org/wp/wp-content/uploads/2019/03/nl192.pdf）

80　ナルコティクス アノニマス日本・ホームページ（http://najapan.org/wp-content/uploads/2017/05/about-na_pamphlet2016.pdf）

81　ＡＡ日本ゼネラルサービス・ホームページ（https://aajapan.org/introduction/）

82　ギャンブラーズ・アノニマス（Gamblers Anonymous）：ギャンブル依存からの回復のためのセルフヘルプ・グループ。

83　アラノン家族グループ：アルコールの問題を持つ人の家族や友人のグループ。

84　ナラノンファミリーグループ：薬物の問題を持つ人の家族や友人のグループ。

85　Alcoholics Anonymous World Services（[1939]2001=[1979]2002: p.237）

世界中に広がっているという点において、十二ステップ・グループは他に類例を見ない。

なお、十二ステップ・グループはメンバーの献金だけで運営されている。グループへの参加で金銭を請求されることは一切ない。運営資金は、ミーティング会場でまわってくる献金袋[86]に参加者が自主的に入れる献金だけだ。献金は強制されず、すべて自発的なものである。

では、十二ステップ・グループでは何がどのように行われているのか。

国内では、葛西（2007）でＡＡの詳細な調査と考察が行われているし、Kurtz（1979＝2020）によるＡＡの歴史をまとめた大著などでもＡＡの内実を知ることができる。各グループの出版物もある。これらに対して本章では、ＡＡの基本的な事柄を確認しつつ、主にベイトソンの視座から考察していく。

4・2　十二ステップ・グループで行われていること

サービス、プログラム、ミーティング

十二ステップ・グループでの主な活動は、①サービスを行うこと、②十二ステップを実践

すること、③ミーティングに出ることだが、どれももちろん強制はされない。そして、活動の軸は、仲間との支え合いであるフェロー・シップ（メンバー・シップ）と、一対一の関係のスポンサー・シップにある。スポンサーはスポンシーを回復に導く人である。先にグループにつながったメンバーが、新しいメンバーのスポンサーになったりする。

まず、サービスとは、グループや仲間のために無償で行う活動のことで、「まだ苦しんでいる仲間に、私たちが原則に基づいた方法で手を差し伸べることに役立つすべて[87]」を指す。具体的には、ミーティング会場の鍵を開けることから国際会議への参加まで幅広く多様だ。回復のために欠かせない活動であり、かつ、これらのサービスによってグループが運営されている。サービスで最も重視されるのが、いま苦しんでいる仲間にメッセージを運ぶことである。病院や刑務所に出向き、苦しんでいる仲間に自分の経験を語る「メッセージ」という活動もある。ミーティングで話すこともメッセージ活動になる。

86　献金袋は小さな巾着袋だったり小さな箱だったりする。近年のオンライン・ミーティングでは振込などの方法もとられるようになっている。
87　Alcoholics Anonymous World Services（[1990]2005=[1990]2005: p.213）

次に、十二ステップは、回復のためのプログラムで（詳細は次節でみていく）、メンバーは主にスポンサーと一緒に取り組んでいく。スポンサーは導く人とされるが、そのスポンサーの側がスリップ（酒や薬物の再使用）しないためにスポンサーシップがあるとも言われている。既に紹介したように、ビルは自分が飲まないでいるために、アルコール依存者を助けることを求め、その時にボブと出会っている。自分が酒を飲まないでいるためには他のアルコール依存者を助けている必要があるため、サービスもスポンサーを引き受けることも、自分の回復のために行われる。ここには自分のための行動が他人のためになるという、利己が利他につながる循環が組み込まれている。

そして、ミーティングとは、参加者が順番に自分の話をしていく集まりで、公民館や教会を借りて行われる。参加者は、その日その場に集まった仲間の話を聞き、自分の話をする。ミーティングには、「仲間」「正直」などその日のテーマがあることが多いが、テーマに沿わずに話したいことを話してもよく、話をせずにパスしてもよい。ミーティングに参加し続けることは回復にとって極めて重要だとされている。

こうしたミーティングはいくつかの点で、一般的な集まりとは異なる。

第一に、ニックネームの使用である。全員、はじめて参加した日からニックネームを使用する。実名は名乗らない（もちろん、実名を名乗る自由はある）。

第二に、「言いっぱなし、聞きっぱなし」の形式だ。何を話しても批判もされず、説教もされない。褒められもせず、感心もされない。人の話をただ聞き、自分の話をただ話すだけだ。ミーティングの後に、自由参加のお茶会や食事会もある（「フェロー」などと呼ばれる）。フェローは「言いっぱなし、聞きっぱなし」ではなく、ここではお互い自由に会話ができ、情報交換やさまざまな交流がなされる。

ミーティングの参加者数は会場によってさまざまで、数名から、多いと数十名の会場もある。ミーティングで行われることは世界共通でありながらも、会場の雰囲気やその日に偶然集まった人々によって作り上げられるため、ミーティングとはこのようなものだという想像の範囲に収まるものでは決してない。2020年以降は、新型コロナウイルス感染症の影響で対面ミーティングが難しくなった地域もあり、ＺｏｏｍやＳｋｙｐｅによるオンライン・ミーティングが世界中で普及した。

偽ることが意味を持たない場

ミーティングに出席し、十二ステップを実践し、サービスを行うことの三つが十二ステップ・グループの基本的な活動だが、まずみていきたいのはミーティングだ。

「言いっぱなし、聞きっぱなし」を原則とする十二ステップ・グループのミーティングを、社会学者の野口裕二は「評価と査定のない空間」[88]と表現した。

自分を大きく見せる必要もないし、誰かの顔色をうかがう必要もない。犯罪歴や入院歴を語ったところで誰からも裁かれないし、陰口を叩かれる心配もない。他方で自分の善行や美徳について語っても誰からも褒められない。つまり、ここでは偽ることに意味がなくなる。

偽ることが意味を持たない場では、参加者は正直に話すしかなくなる。それでも正直に話すことは実際には難しい。人の評価や査定にさらされないといっても、周囲に人がいればとり繕《つくろ》ってしまう。だいたい自分で自分に正直になれない。長い期間自分を偽って生きていた場合、そのこと自体に気づけなかったりもする。私たちはそう簡単に正直になれるわけではないのだ。逆からみれば、正直になることが回復にとって非常に大きな意味を持つことがわかる。ありのままの自分に近づいていくことは、回復へのプロセスだ。

私たちの暮らす社会は評価と査定に満ちており、人々は絶えず他者を値踏み、他者に値踏まれる。他者の顔色をうかがって自分を押し殺したり、他者からの評価を得るために力を求めることは、この社会では常態ともいえ、時に、社会適応的な行動ですらある。だが、そこには当然、嘘や偽りが蔓延《はびこ》る。そしてそれらは、結局のところ私たちを苦しめる。評価も査定もない空間とは、この社会のなかにありそうでない稀有な空間なのだ。

なお、通常のミーティング以外に、オープン・スピーカーズ・ミーティングという活動もある。これは、会議室やホールで、大勢の仲間の前でメンバーが自分の経験を語るスタイルをとる。そのため一見、私たちがよく知る講演や演説のように見える。だが、そこで話されるのは語り手の「経験」だけという特徴がある。ビルは次のように述べている。

> 伝統的に、アルコホーリクス・アノニマスでは演説は行わない。自分自身の経験と自分を取り巻く人々の経験を話すだけである。この私の話も例外ではない。[89]

第2章ではベイトソンが考察したバリについてみてきたが、そこでは、「相手を自分の話

88　野口（2002: p.167）
89　Alcoholics Anonymous World Services（[1990]2005=[1990]2005: p.76)

に引き入れようとするテクニック——雄弁術その他——が、バリの文化には全くといっていいほど欠如している」[90]とし、長い時間相手の注意を自分の話に引きとめておくことや、演説をして集団の感情を盛り立てようとすることも忌むべきこととされていた。ベイトソンはこれを「一方的な語りというものが、彼らにとって居心地の悪い相補的関係を進展させてしまうからだ[91]」とする。

ＡＡでも、演説や講演という形で語り手と聞き手の間に上下関係が形成されたり、特定の人が有名になったりする事態が慎重に避けられていることがわかる。自分の経験だけを語るのであって、説教も説得もしない。話を聞かせようとしないし、自分の話によって相手を変えようとはしないのだ。

4・3　十二ステップ・プログラム

十二ステップとは

世界中のどのグループでも基本的に、メンバーは十二ステップ・プログラムを実践することが推奨されている（義務や強制ではない）。プログラムの進め方はさまざまで何が正しいということはないというが、多くの場合、スポンサーと一緒に進めていくことになる。テキストは、ＡＡではビッグブック（『アルコホーリクス・アノニマス』の通称）、ＮＡではベーシックテキスト（『ナルコティクス アノニマス』の通称）を使うなど、グループによっても違う。このプログラムを実践すると生き方に変化がもたらされるが、十二ステップの文献や資料をいくら読んでも、実際に取り組まなければ生き方を変えることはできないとされる。そのため「行動のプログラム」と呼ばれることもある。

なお、十二ステップには「神」という言葉が含まれており、そこに抵抗を感じる人は多い。しかし、ここでの神は特定の宗派の神ではない。繰り返しになるが、自分を超えたところにある大きな力といった意味であることをここでも述べておきたい（大いなる力については本節で後に考察する）。

90　Bateson（1972=2000: p.180）
91　Bateson（1972=2000: p.181）

ステップへの導入文には「次に、私たちが踏んだステップを示す。回復のプログラムとして示されているものである[92]」と述べられている。これは「ＡＡの十二のステップはただの**提案**でなければならない[93]」からだ。強制でも教えでもなく、ステップは経験に基づく提案として位置づけられている。


一．私たちはアルコールに対し無力であり、思い通りに生きていけなくなっていたことを認めた。

二．自分を超えた大きな力が、私たちを健康な心に戻してくれると信じるようになった。

三．私たちの意志と生きかたを、**自分なりに理解した**神の配慮にゆだねる決心をした。

四．恐れずに、徹底して、自分自身の棚卸しを行い、それを表に作った。

五．神に対し、自分に対し、そしてもう一人の人に対して、自分の過ちの本質をありのままに認めた。

六．こうした性格上の欠点全部を、神に取り除いてもらう準備がすべて整った。

七．私たちの短所を取り除いてくださいと、謙虚に神に求めた。

八．私たちが傷つけたすべての人の表を作り、その人たち全員に進んで埋め合わせをしようとする気持ちになった。

九．その人たちやほかの人を傷つけない限り、機会あるたびに、その人たちに直接埋め合わせをした。

十．自分自身の棚卸しを続け、間違ったときは直ちにそれを認めた。

十一．祈りと黙想を通して、**自分なりに理解した**神との意識的な触れ合いを深め、神の意志を知ることと、それを実践する力だけを求めた。

十二．これらのステップを経た結果、私たちは霊的に目覚め、このメッセージをアルコホーリクに伝え、そして私たちのすべてのことにこの原理を実行しようと努力した。


（AAワールドサービス社の許可のもと再録）

まず、ステップ一では、自分の依存問題を知り、それに対して自分なりの対処の仕方では

92　Alcoholics Anonymous World Services（[1939]2001=[1979]2002: p.85)
93　Alcoholics Anonymous World Services（[1990]2005=[1990] 2005: p.254)

もはやどうにもならなくなっているという自分の現状を認める。自分の意志の力では酒をやめられないという事実を心から認めることで、回復への歩みをはじめることができる。

ステップ二では、自分で解決するのではなく、自分の力を超えたところにあるやり方を信じる。かつてひどい依存症だった仲間が回復している姿を見てプログラムを信じるようになったり、スポンサーとビッグブックを一緒に読み進めたりするなどやり方はさまざまである。

ステップ三では、それまでの自分の意志に基づく生き方を手放し、自分の生き方を自分を超えた力にゆだねることを決心する。ステップ三は、ステップ四以降を実際に行動に移していくための決心のステップとされる。

ステップ四では、ある問題を引き起こしがちな自分の傾向や癖、考えや行動のパターンを学ぶための準備として、これまでの経験を棚卸表《たなおろしひょう》として書いていく。棚卸しとは、商品の在庫の数量等を調べてその価額《かがく》を決めることだ。つまりは、事実を把握し、その事実にしっかりと向き合う作業なのであり、ここではこれを生き方に対して行う。棚卸表は手書きやパソコンで、実際にリストを書いていく作業になる。恨み（誰・何を恨んだか）、恐れ（誰・何を恐れたか）、性（誰・何を傷つけたか）などに分けるやり方もある。

ステップ五では、ステップ四で作った棚卸表をスポンサーと一緒に検討し、問題や苦しみを引き起こしてきた自分の考え方や行動のパターンを正確に見極めていく。自分の性格上の欠点を探し出してはいくが、ここでの目的は反省や裁きではない。自分の側の誤りの正確な本質を探し出し、それを自分自身で認めることがステップ五の目的である。なお、性格上の欠点とは、不正直、恐れ、利己心などである。自分は間違っていないという怒りや自分を見失って他者に過剰に迎合することなども性格上の欠点に含まれる。一見、正義や親切にみえる行動が、優越を求める気持ちや他者への恐れに根差していることもある。

ステップ六では、ステップ五で明らかになった自分自身の性格上の欠点を手放す気持ちになったかを確認し、まだ手放す気持ちになれない場合は手放すために心の準備をする。そして、ステップ七では、自分の性格上の欠点を取り除いて下さいと祈る。自分の性格上の欠点もまた、自分の意志の力では取り除くことはできないため、それを手放したいと祈る。

ステップ八では、埋め合わせの準備をする。手書きやパソコンで、自分が傷つけたと考える人たちすべてを表に書き出していく。埋め合わせのリストはスポンサーに検討してもらい、いつ、どのような状況で、誰に、何のことで埋め合わせをするかを決める。実際に謝罪が必要な場合、相手のこともよく考慮する。ステップ八以降はグループのなかにとどまるのではなく、社会に出てそこで生きていくためのステップとなる。

ステップ九の埋め合わせは実際の行動である。傷つけた人に会いに行き、謝罪をする。場合によっては、自分が被害を受け傷つけられたと考えてそれまで恨んでいた相手に、自分の側の問題について謝りに行かなければならない。しかし、ステップ八まで進んでくれば、相手を非難する気持ちよりも、自分の側の欠点に目が行き、それを取り除きたいと思えるようになっていることが多いとされる。直接会えない人、会うことで傷つけてしまう可能性がある場合などには間接的埋め合わせを行ったりする。目的はあくまでも、自分の側の過去の掃除にある。過去に起こした問題の解消を図り、修復し、償うことで、罪悪感や恨みから解放され、依存者は自由と平和を知る。

ステップ十は、ステップ四から九で取り組んできたことを日々繰り返し行い、成長を続けていく実践である。自分の誤りは直ちに認めて棚卸しをし、回復の道に即した行動を起こす。一日の終わりに落ち着ける時間をとって毎日このステップをやるなど、やり方はさまざまである。

先のステップ三では自分の意志に基づく生き方を手放し、自分より大きな力に自分の生き方をゆだねた。その後プログラムをひとつずつ進め、ステップ十一で、大きな力に基づく生き方を受け取ることになる。その方法が、祈りと黙想である。朝と晩に祈ったり、ことあるごとに祈ったりする。たとえば、動揺した時には、動揺したままその出来事に反応するのではなく、正しい考えと行動を与えてくれるよう祈る。こうすることによって、自分の性格上の欠点に基づいた考えや行動を防ぐことができる。

ステップ十二では、いま苦しんでいる人に自分自身がプログラムによって回復した経験を、メッセージとして運ぶ。スポンサーを引き受けたり、自分の経験を話しに行ったりと、メッセージの運び方はさまざまだ。こうして人助けをすることは、自分自身の役に立つ。また、「あらゆることにこの原理を実践する」というのは、生活上のすべての事柄にこのプログラムを使うことであり、「プログラムを生きる」などと表現される。

こうした十二ステップの回復の原理は、私たちが持っている性格上の欠点を正反対にしたものだとされる。

> 恐れは信仰に、憎しみは愛に、エゴイズムは謙虚に、心配や不安は平安に、自己満足は行動に、否認は受容に、嫉妬は信頼に、空想は現実に、利己主義は奉仕に、恨みはゆるしに、あらさがしは忍耐に、絶望は希望に、自己嫌悪は自尊心に、孤独は仲間との連帯に変えるように取り組みます。[94]

プログラムは一度で終わるということはなく、必要に応じて繰り返され、メンバーは成長を続けていく。この点について、私がかつてインタビューをしたNAメンバーは、十二ステップはいわば「理想」であるとし、だがその理想に近づこうとする努力のなかにこそ回復はあり、生きる喜びもあるのではないかと述べていた。[95]

目的論から宿命論へ

他人や過去は変えられないが、変えられないものは受け入れることで、変えられないものとの格闘は終わる。他方で変えられるものは、変えていくことで幸せになれる。痛みや恐れ、怒りや欲望に突き動かされて行動するのではなく、苦しい気持ちを仲間に話し、スポンサーに相談し、祈ることで、落ち着いて安全な対処をしていく。酒や薬物といった他者や自分を害する依存行動以外の方法で、苦しみを受けとめたりフラストレーションを解消したりする方法が探られていく。このように、自分がいかによく生きるかに焦点を合わせていくのがAAの実践だ。

第2章で整理したように、ベイトソンは、「魂の司令官」である自己が「他者」と絶えず

「対称型の関係」を展開するのが依存者の状態で、「無力な自己」が「大いなる力」と「相補的な関係」を展開するのがＡＡでの人々の状態だとした。そこで本章では、プログラムで生じる変容について、さらにベイトソンの視点から考えてみたい。

十二ステップ・プログラムでは徹底して、自分の側の掃除を行う。何が起きても、それを自分の問題として引き受け、自分でできる最善のことをする。

この点について、ビルは「ときには理由もなしに人に傷つけられることがある。だが実は、過去に私たちが自分勝手な決断をしたために、その結果いま自分が傷つく立場に立たされているということに、いやでも気づかされる。私たちの問題は実は全部自分で招いた結果なのである」[96]と書く。

94　Bill, Todd & Sara (2005=2014: p.14)
95　「理想に近づいていけるようなそれぞれの前向きさっていうか、人生に対する前向きさというか。……そういった理想に近づくような努力の中に生きることの喜びとか、自己肯定感とか生まれてくるんじゃないのかなと思ったりするんです。」（南・中村・相良編 2018: p.220）
96　Alcoholics Anonymous World Services ([1939]2001=[1979]2002: p.89-90)

こうしたスタンスには、当初、私は戸惑った。依存者のなかには虐待や暴力の被害者も多く、本人にまったく落ち度がない状態で受けた被害の痛みが引き金となり、依存行動を悪化させた人もいるからだ。被害的な経験まで自分の側の問題としてとらえることに、どういう意味があるのか私にはわからなかった。

起きたことを自分の側の問題として受けとめていくＡＡの流儀を、自己責任論や自己犠牲的な態度としてとらえてしまうとＡＡの実践を理解し損ねる。依存者は怒りや恨みや自己憐《じこれん》憫《びん》があると酒を飲んでしまうから、自分が飲まないでいるためにそれらを手放していくのだ。

さらに、自分の側の掃除のみを行う姿勢をベイトソンの枠組みからみると、ＡＡでは「目的論」から「宿命論」への思考習慣の転換が生じると考えることができる。

第2章でみてきたように、宿命論の極限的な形態は、「我々がどうであろうと、すべての事柄が筋書き通りに起こる」というものであった。他方で、私たち現代人は、「我々がどうあるかが、起こる事柄を決める」という目的論的な思考習慣で暮らしている。私たちの日常的な思考習慣では、「起こったこと」の原因を「特定の人の行動」に求める傾向にあり、自分の行動のせいだと考えると自分を裁き、他人の行動のせいだと考えると他人を裁く傾向にある。

起こった出来事を自分の側の問題として引き受けるというＡＡでの実践を、私たちが馴染んでいる目的論の思考内での、他罰から自罰への移行ととらえてしまうと、なぜ、他人が起こした問題まで自分の問題として受け入れなければならないのかとＡＡへの疑問すら生んでしまうだろう。

しかし、ＡＡの「起きたことを自分の側の問題として受け取っていく」スタンスを、「目的論的な思考習慣」から「宿命論的な思考習慣」への変容としてとらえると、このスタンスは起こった出来事を他人あるいは自分と過度には関連づけないという新たな思考習慣の上に成立していると理解できる。

起こった出来事を、ある意味、宿命的なものとして受け入れつつ、経験から学び常に成長する姿勢を強く打ち出しているのがＡＡだ。苦しいことが起きた時にも起こったことを一旦は受け入れつつ、宿命だからと諦めるのではなく、その状況のなかで自分の回復と成長のためにベストを尽くす。それはいわば「大いなる力は、ここから何を学ばせようとして、私にこの困難を与えるのだろう」と考えながら、苦しみの最中にあっても、その苦しみから学べることがあるはずだと考え、ベストを尽くしていくスタンスだ。「希望に向けた宿命論」とでも言えるだろう。

こうした変容のなかで同時に生じるのが、エゴの収縮である。ビルは自分自身に起こったスピリチュアルな体験を、「最奥での自我（エゴ）の収縮」[97]と述べている。なんでもかんでも神のように取り仕切ろうとする振る舞い、利己主義、自己憐憫など、ここでいうエゴとは、いわば自分が自分がと前に出てくる自己[98]のことで、ベイトソンのいう「魂の司令官」だ。

ＡＡでは、自分よりも大きな力に自分の意志をゆだねることで[99]、エゴの収縮が促される。なお、自分は他人よりも劣っていると考えて「自分は駄目だ」と後ろにひっこむタイプのエゴも、厳しい親のように自分に常にダメ出ししてくるエゴもまた、収縮していく。こうして人は、大き過ぎもせず小さ過ぎもしない等身大の自分に近づいていく。

そして、エゴと同時に小さくなるものが他人だ。依存者は、自分と他人を比較しては勝ったり負けたりし、他者を裁いたり自分を裁いたりしてきた。しかし、自分より大きな力の前で、私たち人間同士の違いなど小さなものでしかなくなる。他人と平等な関係が形成されると、かつて見下すように関わっていた他人への尊敬が生まれ、同時に、やけに強そうにみえた他人への恐怖感も薄らいでいく。

評価や査定から解放されていくと、私たちの頭のなかで大きかった他者は小さくなり、他者に支配されなくなり、他者を支配しなくなる。そうして人の言動にも、自分の言動にも寛容になっていき、不完全さを抱える者同士お互いさまの気持ちで生きていくことになる。

これらは、次の二つにまとめることができる。

⑴ 起こった出来事を「大いなる力が決めたこと」という形で受けとめることで、他人や自分とは関連づけずに、出来事自体として切り離す（この時、他人が起こした問題に対しても彼らの「病気」が引き起こしたのだと理解し、自分が犯した過ちも自分の「病気」が引き

97 Alcoholics Anonymous World Services（2005[1990]=2005[1990]: p.96）

98 「人は（ｆＭＲＩの中で脳の活動を測定しているとき）何もしないよう求められると、心が自然にさまよいだす。そのさまよっている考えは、多くの場合、自分についての物語のかたちを取る。私の未来、私の過去、私の成功、私の失敗などの『私の物語』である。」（Brewer 2017=2018: p.335）このように私たちはみな「自分のことばかりが気になる思考」に支配されがちだ。ブルワーは、こうした思考を「自己関連づけ」と呼んでおり、脳のある部位（ＰＣＣ：後帯状皮質）が活性化すると自己へのとらわれが発生すると述べている。そして、「自己関連づけ」モードから離れるために瞑想やマインドフルネスの効果が述べられている（Brewer 2017=2018）。なお、瞑想は十二ステップ・グループでも推奨されている。ＡＡでのエゴの収縮と、「自己関連づけ」思考からのマインドフルネスによる解放は、関連づけて理解できる。

99 ベイトソンはこのことを「各人とこの〈力〉の健全な関係が、相補的なものであること」（Bateson 1979=2001: p.449）と述べている。

起こしたのだとすることで、他人を裁く感情からも、自分を裁く感情からも自らを解放していく)。

(2) その上で、起きてしまった現実に実際的に対処していく。

このように整理すると、自己犠牲的なあり方とはまったく違うことがわかるだろう(もちろん、これはひとつの解釈に過ぎないが)。

なお、目的論的思考習慣から宿命論的思考習慣への変容に関連して、私は「コントロールを手放す」(「魂の司令官」を手放すということでもあるが)ということを、長らく、それは「コントロールを手放すように自分をコントロールする」という新たな「コントロール」にもなるのではないかと考え、うまく理解できなかった。[100] そこで、この点については次の二つに整理してみたい。

第一に、コントロールを手放すということは、コントロールできる対象とできない対象を見極めることを意味していた。あることについては自分はコントロールできないという事実を認識することが、「手放した」状態として表現されることがある。

第二に、コントロールを手放すというのは時間性を伴うものだ。安心したり落ち着いたりした結果として、コントロールへの欲求やとらわれ自体が消失し、これが「手放した」状態として表現されることもある。私たちは子供から大人になるプロセスで、さまざまなことを学び、変容していく。その時に、自分自身を理性でコントロールして大人になったという人はいない。メンバーもまた、十二ステップ・グループという共同体のなかで時間をかけて新しい生き方を身につけ、依存問題を引き起こしていた自分自身の状態から脱していくのだろう。

これらを踏まえつつも、「大いなる力」について、ここではもう一歩踏み込んで考えてみたい。

「大いなる力」。それはいったい何なのか。

「大いなる力」とは何か

ビルが影響を受けたとされる[101]、ジェイムズの『宗教的経験の諸相』は心理学から宗教を考

100　中村（2004）など。
101　ジェイムズの『宗教的経験の諸相』以外に、ビルをはじめとした初期のＡＡメンバーが十二ステップ・プログラムを作り上げる際に参考にしたと考えられる著作については、葛西（2007: p.67-68）で指摘されている。

察した研究書で、そこには、次のような記載がある。

まず、ジェイムズは、宗教というものはその信条はさまざまであれ、「すべての宗教が合流するように見える或る一様な意見がある」[102]とし、それは次の二つの部分からなるという。

一、不安感、および

二、その解決。

一、不安感は、もっとも簡単な言葉であらわすと、自然の状態にありながら、私たちにどこか狂ったところがあるという感じである。

二、解決というのは、より高い力と正しく結びつくことによって、この狂いから私たちが救い出されているという感じである。[103]

宗教的な回心体験については、ジェイムズは次のように記述する。

個人的な意志が放棄されたあとでは、つねに、ある高い力が外から流れ込んできてそれにとり憑かれてしまったような感じがする。その上、刷新され、安心を得、潔められ、義を得たという感じが、自分の本性が根本的に新しく生まれかわったと信じさせるに足るほどふしぎな歓びを与えるのである。……そしてこのような輝かしい変化には必然的に絶望が先だたねばならない。[104]

そしてジェイムズは、彼のいうところの「高い力」は、「私たち自身の精神のなかに隠れているより高い能力」[105]なのだと述べ、この書籍を次のように締めくくる。

私たちの現在の意識の世界は、存在している多くの意識の世界のうちの一つにすぎないこと、そして、これら別の世界は、私たちの生活に対しても或る意味をもつような経験を含んでいるに相違ないこと、そして、大体においてそのような世界の経験はこの世界の経

102　James（1902=1970［下］: p.371）
103　James（1902=1970［下］: p.371）
104　James（1902=1970［上］: p.344-345）
105　James（1902=1970［下］: p.378）

験とはどこまでも別個のものではあるけれども、或る点において両者は連続し、それによってより高いエネルギーがしみ込んでくる、ということである。[106]

つまり、ジェイムズは、「大いなる力」は私たちの意識のなかに存在する力なのであり、宗教的経験を通じて、人はこの力に救われることが多々あると述べているのだ。

入院先の絶望のなかかスピリチュアルな経験をしたビルは、直後にジェイムズを読み、私たちの意識のなかにある力を使って私たちを救うプログラムを作ったのかもしれない。神という言葉を忌み嫌っていたビルが、多くの者からの反発を受けながらも、十二ステップ・プログラムを宗教的な枠組みから決して切り離さなかったのは、「私たち自身の精神のなかに隠れているより高い能力」には救いがあり、そこに到達するためには宗教的な枠組みがどうしても必要だということに、明確に気づいていたからかもしれない。

世界には、そして私たち人間存在の内部にも、ベイトソンがいうところの叡智の領域があり、そこには科学で取り扱えない広大な領域が広がっている。

ベイトソンは「ここ百年の間、意識をより無意識的な精神部分に根ざす諸々の修正プロセスから切りはなそうとするような、特異な社会的現象が顕在化してきている。現代の社会は

〝自己〟を最大限に増長しようとするものが満ちあふれている」[107]と述べる。その上で、「人間の活動の中で、意識を通した連結によって偏向されずにいるものは何か。〈智〉が広がっている領域はどこか」[108]と問うた。そして、愛、美術、詩、音楽などを挙げ「これらの精神活動でも、意識の制限を越えて、より大きな精神の部分が活性化する」[109]と述べる。また、動物や自然界との交流も「智」を育むとし、この「智」のリストの最後に宗教を加えている。

ベイトソンは単に、科学的認識が切り捨ててきた叡智の領域を考察せよと指摘しているわけではない。ベイトソンが行ったことは、科学的とされる領域とそれ以外の領域を分ける思考法そのものの問い直しであった。

十二ステップ・プログラムの「大いなる力」や「神」という言葉に現代人の多くは反発するものだが、その反発する気持ちを生み出しているものもまた、科学的認識とされる領域と

106 James（1902=1970［下］: p.387）
107 Bateson（1972=2000: p.593）
108 Bateson（1972=2000: p.593-594）
109 Bateson（1972=2000: p.594）

それ以外の領域を分ける我々に特徴的な思考習慣なのである。

叡智の領域やスピリチュアルな現象をどのようにとらえていけばよいのか。これはベイトソンも着目し、かつ、学問的な意味でも私たちに残されている大きな課題でもある。いずれにしても、これらを思考から追いやってしまったら、依存症からの回復も、この世界で生じている多くの事象もとらえ損なってしまうことはたしかだ。

次の節では、十二ステップ・グループの存続を支えている十二の伝統をみていく。

4・4　十二の伝統

十二の伝統とグループの存続

ＡＡが創設された当初、さまざまなトラブルが発生した。そこで、ＡＡが一体性を保ち、社会と関わり合いを持ちながら存続、成長し続けるため、個々人やグループが失敗した経験に基づいて十二の伝統がまとめられた。１９４６年（昭和21年）に発行され、１９５０年（昭和25年）のＡＡ第一回国際会議で承認された。[110] こうしてＡＡで十二の伝統が作られると、その後、ＮＡをはじめとする他の十二ステップ・グループにも受け継がれていった。[110]
各十二ステップ・グループの十二の伝統の内容は共通するが、文言や解釈が微妙に異なる。そこでここでは、ＡＡの十二の伝統をみていく。[111]
十二の伝統で繰り返し述べられるＡＡの第一の目的とは「いま苦しんでいるアルコホーリクにメッセージを運ぶこと」である。十二の伝統があることで、ＡＡグループはこの第一の目的から逸れずに、さまざまな活動を行っていけるのだ。

一．優先されなければならないのは、全体の福利である。個人の回復はＡＡの一体性にかかっている。
二．私たちのグループの目的のための最高の権威はただ一つ、グループの良心のなかに自分を現される、愛の神である。私たちのリーダーは奉仕を任されたしもべであって、支配

110　Alcoholics Anonymous World Services（[1952] 1981=[1982] 2001: p.25）
111　十二の伝統のひとつひとつが作られた経緯についてはＡＡの書籍 Alcoholics Anonymous World Services（[1952] 1981=[1982] 2001）を参照のこと。ＮＡの伝統については中村（2018）で紹介した。

はしない。

三．ＡＡのメンバーになるために必要なことはただ一つ、飲酒をやめたいという願いだけである。

四．各グループの主体性は、他のグループまたはＡＡ全体に影響を及ぼす事柄を除いて、尊重されるべきである。

五．各グループの本来の目的はただ一つ、いま苦しんでいるアルコホーリクにメッセージを運ぶことである。

六．ＡＡグループはどのような関連施設や外部の事業にも、その活動を支持したり、資金を提供したり、ＡＡの名前を貸したりすべきではない。金銭や財産、名声によって、私たちがＡＡの本来の目的から外れてしまわないようにするためである。

七．すべてのＡＡグループは、外部からの寄付を辞退して、完全に自立すべきである。

八．アルコホーリクス・アノニマスは、あくまでも職業化されずアマチュアでなければならない。ただ、サービスセンターのようなところでは、専従の職員を雇うことができる。

九．ＡＡそのものは決して組織化されるべきではない。だがグループやメンバーに対して直接責任を担うサービス機関や委員会を設けることはできる。

十．アルコホーリクス・アノニマスは、外部の問題に意見を持たない。したがって、ＡＡの名前は決して公の論争では引き合いに出されない。
十一．私たちの広報活動は、宣伝よりもひきつける魅力に基づくものであり、活字、電波、映像の分野では、私たちはつねに個人名を伏せる必要がある。
十二．無名であることは、私たちの伝統全体の霊的な基礎である。それは各個人よりも原理を優先すべきことを、つねに私たちに思い起こさせるものである。

（ＡＡワールドサービス社の許可のもと再録）

伝統一では、個人よりも全体が優先されることが示される。メンバーが自分の欲望を優先したり利己的に振る舞ったりすれば、グループの存続が危ぶまれるからだ。そして、グループが存続しなければ、個人は生き残れない。しかし、グループでは、誰もが誰かに何かを強要されることは一切ない。

伝統二からは、ＡＡでは特定の誰かが権威を持つことが慎重に避けられていることがわかる。ＡＡは組織体である以上、会計係をはじめ役割はたくさんあるが、どの役割も輪番制になっており、決まった年数で委員や係は変わる。役割は特権ではなく、グループのために自分の任務を務めることはサービスであり、これは自分の回復に役立つものとされる。

伝統三では、飲酒をやめたいという願望があることだけがメンバーの条件とされる。初期のＡＡにはメンバーに関する規則があったが、さまざまな経験のなかでこれらは廃止されていった。現在は、飲酒をやめたいという願望さえあれば、誰も排除されない。「結局経験によって私たちが教えられたことは、アルコホーリクのチャンスを全面的に奪うということは時には死の宣告を申し渡すのに等しいこと、そして、終わることのない悲惨な境遇を運命づける場合もあるということである。病気の兄弟を裁き、死刑の執行をしようとする者がいるだろうか[112]」。

伝統四で述べられている各グループとは、ＡＡの十二ステップと十二の伝統に沿ってミーティングを開くグループのことである。こうした各グループは、「ＡＡ全体を脅かすことでなければ、自分たちが望む通りにものごとを進めてゆくことができる[113]」。

伝統五では、十二ステップ・グループには、目的はひとつしかないこと、飲まない生き方を知った自分の経験をいま苦しんでいる人に伝えることだけがＡＡの活動の目的だということが示される。これによって、いま苦しむ人は飲まない生き方を知り、ＡＡメンバーもまた自分が飲まない生き方を続けていくためには、苦しんでいる人にメッセージを伝え続けることが必要になる。

伝統六では、ＡＡと外部機関との間の境界が定められている。あるメンバーがある団体を支持し、別のメンバーが別の団体を支持すれば、ＡＡは引き裂かれてしまう。他の団体に支援を求めたらその団体の目的がＡＡの目的だと勘違いされるだろう。伝統六によって、第一の目的から外れたことにグループが立ち入る可能性は最小限になる。

伝統七では、第一の目的を達成するために必要なことは、グループが各自で備えなければならないとされ、ここには活動費も含まれる。ＡＡではミーティングの際に献金箱を回してメンバーから献金を募り、その献金ですべての活動の経費をまかなっている。資金の寄付を受ければ、資金の提供先からの干渉も受けることになるため、寄付は受けない。

伝統八では、ひとりひとりの回復の経験によって、お互いが癒されるのであり、回復の経験で金を稼ぐことがない点が示される。「ただで受け取ったものはただで与えなさい[114]」とい

112　Alcoholics Anonymous World Services（[1952] 1981＝[1982] 2001: p.189-190）
113　Alcoholics Anonymous World Services（[1952] 1981＝[1982] 2001: p.197）
114　Alcoholics Anonymous World Services（[1952] 1981＝[1982] 2001: p.226）

うことだ。

伝統九では、ＡＡは組織化されるべきではないと述べられている。「管理、統治する権力こそがあらゆる組織に不可欠なのだ。にもかかわらず、アルコホーリクス・アノニマスは例外であり、このようなかたちは取らない[115]」とされる。「人が作る集まりには必ず訪れる巨大な富、名声、権力という脅威は、避けて通らなければならない[116]」のだ。ＡＡは世界中にあり、さまざまな機関が機能していなければ運営できないが、委員は輪番制でサービスの精神によって行われる。ＡＡは「サービスの精神によってのみ生命が吹き込まれている組織のない集合体[117]」だとされる。

伝統十では、ＡＡは、いかなる外部の問題にも意見を持たず、政治や社会問題には立ち入らない立場が示される。「私たちは、全員が一緒になってどこかの運動を非難することよりも、アルコホーリクス・アノニマスが生き残り、広がってゆくことの方がはるかに重要だと考えている[118]」。

伝統十一では、ＡＡの方針である「ひきつける魅力」が述べられている。ＡＡは、「その原理と活動は一般に広めたいが、個々のメンバーの名を広めるのはお断りという、この世の中では珍しい集まりである[119]」。個人名を伏せる匿名性の原理によって、有名になりたいといった個人的な野心がＡＡに入り込むこともない。

伝統十二でもまた、全体の福利のために、私利私欲を手放すことが述べられている。「無名であることは真の謙遜の実践[120]」なのだ。

グループの目的はただひとつ

十二の伝統をみてきたが、繰り返し述べられているのが、権力、金銭、名誉の追求が個人やグループにとっていかに脅威かという点だ。世の中の役に立とうという過剰な熱意、自分こそがこの問題を解決できるという自惚《うぬぼ》れも抑制の対象になる。

十二ステップ・グループは利潤を追求する営利組織ではなく、そこには特定の権力者もい

115　Alcoholics Anonymous World Services（[1952] 1981=[1982] 2001: p.235）
116　Alcoholics Anonymous World Services（[1952] 1981=[1982] 2001: p.238）
117　Alcoholics Anonymous World Services（[1952] 1981=[1982] 2001: p.239）
118　Alcoholics Anonymous World Services（[1952] 1981=[1982] 2001: p.241-242）
119　Alcoholics Anonymous World Services（[1952] 1981=[1982] 2001: p.248）
120　Alcoholics Anonymous World Services（[1952] 1981=[1982] 2001: p.255）

ない。メンバーは個人の利益よりも全体の福利を優先する。やはりここでも、「単一の単純変数の最大化が阻止される可能性の最大化[121]」が図られている。ベイトソンは分裂生成的な行動の最後には時に破滅が待っていると述べ、分裂生成に歯止めをかけるファクターを探究したが、AAという共同体が実践しているのは個人の行動から組織単位の動きまで、分裂生成的なパターンを抑制し、回避することだといえる。

ベイトソンはAA研究のなかで、AAは「『アルコール依存症の苦しみにあって、それを必要としている人たちに、AAのメッセージを届ける』という目的が、最高度に達せられる状況を目差す[122]」という意味では、AAも「目的追求組織[123]」だという。

だが、伝統を丹念に読んでいくと、たとえば、NAの伝統六に関して次の記述を見つけることができる。NAグループはさまざまな外部組織と良好な関係を維持しつつも、支持や融資をしないことで「境界線を定めメッセージを運ぼうという私たちの過剰な熱意を調節している[124]」と記されている。外部組織等を使ってまでのやみくもな目的追求――メッセージ活動は忌避されている。

メッセージを運ぶことを唯一の目的としつつも、過剰な熱意は抑制の対象となっている。十二ステップ・グループには、目的達成のための行動が分裂生成的にエスカレートしていかないように、歯止めをかける要素がしっかり組み込まれていることがわかる。

4・5　資本主義社会における回復コミュニティ

競争社会も協同社会も住む人々は同じ

繰り返し述べてきたように、ダルクや十二ステップ・グループという共同体は「ひとつの変数の最大化の抑制」の原理が貫かれていた。そして、ここでは人と人との間で生じる階層化は抑えられており、誰かが誰かの上や下に位置づけられることはない。匿名性の原理に支えられて、平等な関係が形成されていた。

121　Bateson（1972=2000: p.191）
122　Bateson（1972=2000: p.451）
123　Bateson（1972=2000: p.451）
124　Narcotics Anonymous World Services（2011: p.210-211）

だが、十二ステップ・グループのメンバーも、現代社会に生きている人々と、人として根本的に違うわけではない。これらを単純化してまとめると、次のようになる。

競争社会では地位、財産をめぐって人々は対立し合う。他方で、協同社会では人々は集団への帰属意識のもと互いに助け合う。しかし競争社会に暮らす人々がとりわけ欲が強く利己的だとは判断できないし、協同社会の構成員がたまたま気高く生まれついているというわけでもない。協同社会を生きる人々は、互いに助け合う協同作業こそが自分を含め全員にとって利益があるということを、いわば常識として生活しているのだ。利他的な振る舞いが自己にとっても利益になることを知っている場合、人は利他的に振る舞う傾向を強める。

協同的な個人は競争的な環境では食い物にされてしまうし、競争的な個人は協同的な環境では忌み嫌われる。ある個人が競争的に振る舞うか、協同的に振る舞うかは、個人の資質だけでなく環境に依存する部分も大きい[125]。

十二ステップ・グループのメンバーになったからといって、人が突然、道徳的になるわけでもなければ、自己犠牲的に他人に尽くすようになるわけでもない。利他的な行動が自分の回復にとっても有益なことを、十二ステップ・グループのメンバーは理解していくのだろう。

回復コミュニティはユートピアではない

ここまでみてきた十二ステップ・グループは、私たちにとって、時に、理想的な共同体として映るのではないか。ここには現代社会にはない確かな人間関係があるようにみえる。しかし、十二ステップ・グループも、人間の集まりなのであり、しかもさまざまな問題を抱えたメンバーの集まりだ。いざこざやもめごとがないわけがない。

回復者というと聖人のように達観した人たちを想像しがちだ。実際に、長く回復に取り組んでいる人のなかにはそのような人もいるが、皆がそうだというわけではない。世の中の人が持っている欠点はすべて、グループのメンバーも持っていると考えるのが当然であり「仲間のため」という名目のもとにエゴを拡大しようとしたり、場合によっては金銭を得ようとしたりする人もいると考えるべきだ。それこそが私たちの「性格上の欠点」の現れなのだから。

125　ベイトソンとバリの調査を行ったマーガレット・ミードは、競争社会と協同社会についての編著を出版している(Mead ed. [1936]1961)。

だから、グループのなかで深く傷つく人もいるし、スポンサーがスポンシーを深く損なう場合もある。苦しみのなかで助けを求めてたどり着いたグループで、さらに傷つけられてしまうこともある。メンバーもグループも万能ではない。

こうした点について、たとえばビルは、人のよい部分だけでなく悪い部分もありのままに見ようと書いている。

> 他の人の真意や、自分自身の真意にさえも目をつむって、盲目的に人を信じなくてはいけないのでしょうか？　そういうことではありません。それは愚の骨頂というものです。信を置こうとする人たちの良い影響力だけでなく、悪影響の可能性もきちんと見きわめなければならないのは当然です。一人ひとりをきちんと評価することで、それぞれ与えられた状況のもとで、どの程度まで信頼すればいいのかが明らかになるのです。
> もっとも、このような評価をするときには、理解と愛の心が必要です。疑いや、妬《ねた》みや、怒りのような否定的な感情ほど、私たちの判断を狂わせるものはないからです。[126]
> 私たちは人や状況を自分の望むように期待し、その期待通りにならないと傷つき、失望し、

怒り、恨む。しかし、人や現実をそのネガティブな部分も含めてしっかり見つめれば、信用と失望の間を行ったり来たりしなくなる。

十二ステップ・グループは決して理想的なユートピアなのではなく、人と人との間で傷つけ合い、誤解し合うような事態も生じている。そういうものがない世界などそもそも存在しないのだ。だから、そうした経験も回復プロセスに組み込んで生き、ともに成長していく場ということになる。

また、スポンサーの変更やグループの変更は自由になっている。特定のグループでの活動に毎回参加して、継続的な人間関係を形成しているメンバーもいるが（自分が主に参加しているグループのことを「ホーム・グループ」という）、あちこちのミーティング会場に出ても構わない。グループの人間関係につまずいたり嫌な思いをしたりしても、他の会場や他のグループで活動を続けられる。

一般的に共同体というと特定の関係性への継続的なコミットメントが求められがちで、一

126　Alcoholics Anonymous World Services（1967=2003: p.144)

度入ると抜けにくい。だが、十二ステップ・グループでは、緩やかにつながりながら回復していける。

もちろん、十二ステップ・グループへの批判はある。[127] アメリカで依存症の治療と研究に貢献したウィリアム・ホワイトはAAに向けられた批判を十項目にまとめている。[128] こうしたさまざまな批判を受けながらも、ビルは、AAに対する批判はAAを強力にする足がかりであり、まっとうな批判に対しては感謝の気持ちを返すべきであるとし、批判に対して沈黙を守った。[129]

内部でのいざこざは絶えず、外部から批判を受け続けてもなお、十二ステップ・グループは世界中に広がってきた。現在は、いわゆる依存症だけでなく、感情障害や社交不安障害などのグループもできている。各グループのなかに女性、性的マイノリティなど多様なグループも作られている。メンバーもグループも失敗しながら成長し続け、たくさんの回復者を輩出してきた。

以上、十二ステップ・グループを考察した結果、浮き彫りになったのは、痛み、恐れ、怒り、欲望に突き動かされ、権力、金銭、名誉の追求などの活動に支配されている私たち現代人の姿でもあった。

と述べている。

運動体としての資本

ベイトソンは、資本主義経済を、地球上のさまざまなシステムのなかでも例外的なものだ

127 Bufe (1998), Peele & Bufe (2000) など。AAに対して中立的な立場から、AAの何がどのように批判されているかを丁寧に検討していくことは、AA研究の課題のひとつである。

128 「①AAは、アルコール症の症状だけ取り上げ、そこに潜んだ原因に踏み込むことはない。」「②AAの相対的な効力について、正当性が科学的に立証されていない。」「③AAは特定のタイプのアルコール症者しか成功しない。つまり、そのタイプ以外のアルコール症者は成功しないということだ。」「④AAの宗教がかった言い回しや考え方のために、多くのアルコール症者が参加をためらっている。」「⑤AAの『ハイヤーパワー』への依存は、アディクション回復に不可欠な精神的な強さや能力を伸ばす力を損なうものである。」「⑥AAに依存する人は、ただ単に依存の対象を変えただけである。」「⑦アルコール症は病気だとする概念をAAが支持することにより、個人の責任を弱体化している。」「⑧AAは、各個人の内なる部分にアルコール症の原因があるのだとしているが、それはアルコール問題を引き起こす環境的要因を無視しており、『社会・経済的な体制を何の疑いもなく支持している』ことになる。」「⑨AAの政治的な影響力により、アルコール症治療分野の科学的進歩や臨床的な統合性が妨げられた。」「⑩AAが創設されたばかりの頃に見られた創造的な精神は、厳格なものへと徐々に変わっていった。」(White 1998=2007: p.158-167)

129 White (1998=2007: p.160)

セコイアの森林に具わった諸変数のうち、システム全体が一つの変数の最大化に目的を絞りこんで作動し、他のすべての変数を単に補助的なものとして扱うなどということは起こりえない。それは、最大化ではなく、つねに変数を最適値に保つことをめざすのだ。それはいつも「足るを知る」。そこでは「過ぎたる」は「十分」に及ばない（西洋的な観念に基づくシステム、とりわけ貨幣システムは、生きたシステムのなかの、きわめて顕著な例外である）[130]。

資本主義社会に生まれれば、好むと好まざるとにかかわらずこの社会のルールに即して生きざるを得ないが、資本主義社会は歴史的に特殊な形態の社会である。

ここで資本主義社会についての考察が入ることは、唐突だと思われるかもしれない。だが、本書が一貫してとりあげてきた「ひとつの変数の最大化」という分裂生成は、資本主義社会の特徴的な傾向でもある（もちろん、別の社会システムでも、たとえば、権力などの「ひとつの変数の最大化」は生じてきた）。そのため、本書でみてきた十二ステップ・グループの意義は、資本主義の基本的な仕組みを理解することでより明確になるはずだ。

マルクスは、資本とは価値増殖を目的とした運動体であるとした。そして、資本の運動には商人資本、金貸資本、産業資本の三つの形式があり、産業資本が全面化しているのが資本主義社会だ[131]とする。

まず、①「商人資本」の運動がある。これは、商品を安く買って高く売ることで利潤を得る形式[132]だ。ここでの目的は利潤を得ることなのであって、商品は胡椒《こしょう》でもみかんでもなんでもいい。自分が使うかどうかに関係なく、それが買値より高く売れることを前提にある商品を買い、それを売って利潤を得る。商人資本の運動は、資本主義社会に先立つ諸社会でみられるが、多くの場合、場所や時間の違い、あるいはその商品が知られていないことなどを利用して、商人たちが儲けようとする形式である。

130　Bateson（1972=2000: p.451）

131　マルクスの解釈は多様だが、本書は、経済学者宇野弘蔵に依拠している。以下の略語は次の意味である：G（Geld: 貨幣）、W（Ware: 商品）、P（Produktionsprozeß: 生産過程）、G′（元の貨幣G＋利潤g）、g（geld: 利潤）。

132　商人資本の形式：G（貨幣）－W（商品）－G′（元の貨幣G＋利潤g）「それは商品を安く買って高く売るということにその価値増殖の根拠を有するものである。」（宇野 [1964] 2016: p.50）

次に、②「金貸資本」の運動がある。これは、金を貸し付けて利子を得る形式[133]だ。ここでの目的も利潤を得ることなのであり、金を貸す相手は誰であってもいい。資本主義社会に先立つ諸社会にみられるが、人に金を貸すのは慈善事業だからでも、金が余っているからでもない。金貸したちは金を誰かに貸して、返済時に元の金額に加えて利子を得る。

そして、③「産業資本」の運動がある。これは、資本家が労働者を雇って商品を生産させ（あるいは、労働者にサービスを提供させ）これを売って利潤を得る形式[134]だ。産業資本の運動の目的もまた利潤を得ることなのであり、何らかの商品を作ることではない。資本主義社会成立以降に広範にみられるようになるが、資本家の目的は金を儲けることなのであって、生産するのは武器でも添加物入りの食品でも売れれば何でもいいということになる。

そして、この①〜③の形式の運動を通じて、貨幣（G）から商品（W）へ、商品（W′）から元の貨幣に利潤を加えた貨幣（G′＝G＋g）へ、その貨幣からまた商品へと、次々に姿を変えながら、この過程を永遠に繰り返す「運動体」のことを資本という。

①「商人資本」と②「金貸資本」は、資本主義社会成立以前から存在していたが、③「産業資本」は、資本主義社会成立以降にみられる資本の運動で、私たちのこの社会に全面的に展開している。

三つの運動を確認してきたが、資本とは運動体なのであり、すべての運動に共通するのが、利潤の最大化だ。資本の目的は利潤を最大化することなのであり、そのための手段は問わない。だから、この運動体のなかでは、利潤が得られるなら、つまりは儲けのためなら何でも作られるし、何でも売られる。

133　金貸資本の形式：Ｇ（貨幣）……（時間の経過）……Ｇ′（元の貨幣Ｇ＋利潤ｇ）「価値増殖の根拠を自分自身には全然もたない。」（宇野 [1964] 2016: p.50-51)

134　産業資本の形式：Ｇ（貨幣）－Ｗ（商品）……Ｐ（生産過程）……Ｗ′（商品）－Ｇ′（元の貨幣Ｇ＋利潤ｇ)。貨幣で原材料を買って、その材料で商品を生産し、生産した商品を売って、利潤を得るという運動。「その価値を支払って買入れた労働力が、資本の生産過程において新しく形成する価値によって、資本自身がその価値を増殖するのである。」(宇野 [1964] 2016: p.70-71)

「元々、人間は一日の労働によって一日の生活資料以上に多かれ少なかれ剰余生産物を生産してきたのであって、この剰余生産物を生産する剰余労働時間が如何様に処理されるかは、それぞれの社会において生産自身が如何様にして行われるかに対応して決定され、歴史的に社会形態を区別することになる。資本主義は、古代、中世の社会と異なって、資本家的商品生産に対応して、この剰余労働時間をも、商品として購入され、生産過程に消費される労働力による労働の一部分として、したがってまたその生産物たる剰余生産物をも資本の生産物としての特殊の形態をもって処理するのである。」（宇野 [1964] 2016: p.63)

このような資本主義社会を生きる私たちの多くは、自分の労働力を商品として売り、それによって得た賃金でさまざまな商品を買って暮らしている。基本的に社会全体が、賃労働関係と売買関係、つまり貨幣を媒介したやりとりに従うことになる。そのため、貨幣獲得能力が低いと生活していけない事態が生じる。

資本主義社会とはこのように独特の運動で動く社会であり、この社会を生きる私たちは、利潤を最大化しようとする資本の無限の反復運動にとり込まれているのだ。

十二ステップ・グループは特異な組織体

ベイトソンは、あるシステムが何かひとつの要素を最大化させようとすると、必ずより大きなシステムを壊し、元のシステム自体も壊れるということを繰り返し指摘する。企業が利益を追求するあまりに自然環境が破壊されるなど、運動体としての資本はいろいろなものを破壊していく。破壊されるものには自然環境も、共同体も、もちろん人間も含まれる。

資本の運動のなかでは、金儲けのために誰かを薬漬けにする売人や組織は容易に生まれるし、ギャンブルへの依存の背後にはギャンブル産業がある。中毒性のある商品は次々と生み出される。[135] 社会環境に起因するさまざまな痛みや刺激、人為的に作り出された欲望のなかで人は時に依存症に陥っていく。また、資本主義が生み出す意識[136]も依存症と無関係ではない。痛み、恐れ、怒り、欲望。これらは、現行の社会からの影響を受けつつ、私たちの思考や感情として具体的な形をとっていく。

本書で指摘したいのは、資本主義は人々の思考様式、意識や行動、そして生活のすべてに入り込んでいるという事実である。

こうした社会状況からとらえなおせば、ダルクや十二ステップ・グループには、依存症の回復支援を超えた意味を見出すことができる。

たとえば、私たちは生きていく上で他者との関わりや他者からの援助を必要とするが、現実的には、金の有無によって、助けてもらえる人と助けてもらえない人が決められてしまう

135　ゲームやソーシャルメディア・プラットフォームなど、中毒性をもたせる「依存症ビジネス」についてはAlter (2017=2019) などで論じられている。

136　たとえば、次のような例が挙げられる。「これはマルクスがきちんと見通したことですけれど、資本主義によって意識が変えられてゆくということですね。……子供がみな新しい自転車を買ってもらうのに、うちの子供にはまだ自転車が買ってやれないというのが恥かしい。これはもう誰が考えてもわかるわけですけれど、まさに資本主義の結果として、恥かしいという意識が作り出されているのだということが、よくわかります。」(池田 2021: p.236)

ことがある。だが、十二ステップ・グループでは、金銭を介在させない人間関係が展開され、そこでは金がなくても助けてもらえる。金銭以外にも、人柄や外見など人間関係を作るために有利な個人の属性もあるが、そうしたものを持っていない個人もいるし、持っていても失う場合もある。グループでは、そうした人ももちろん助けてもらえる。そこで助けられた人は、また別の人を助けるという緩やかな連鎖がある。

これまで十二ステップ・プログラムは、依存症からの回復に効果があるのか／効果がないのか、つまりは回復プログラムとしての有効性という点で議論されがちだった。

だが、ここでとらえたいのは、十二ステップ・グループとは、①金銭を介在させないだけではなく、②権力関係も排されている共同体だという点である。金銭的な関係もなく、指導者も支配者もいない。

十二ステップ・グループは、単なる依存症からの回復のための共同体ではない。資本主義社会のどのような組織とも異なる共同体であり、ここには世界規模での新しい挑戦がある。

なお本書では、地域コミュニティが衰退したために依存症の回復コミュニティが必要とされるようになった、というような解釈はしない。かつてあったとされる地縁的なコミュニティにも助け合いはあったと考えられるが、そこで十二ステップ・グループのような対等な人間関係が形成されていたり、評価と査定のない空間が形成されていたりしたとは考えにくい。

十二ステップ・グループは二十世紀にビルらによって、アルコール依存からの回復という目的の下に形成された独自のコミュニティなのであり、それまであった何かの代替品ではない。

十二ステップ・プログラムの限界

他方で、現場の動向に目を向けると、近年の国内の依存症支援の現場からは、十二ステップ・プログラムの意義を十分に認めつつも、このプログラムが助けにならない依存者にまで同じプログラムで対応しがちな現場の限界が指摘されてきた。

たとえば、2010年代に、依存問題の領域で急速に問題化したのが精神障害、知的障害、そして発達障害を抱えた人々の存在だった。

ギャンブルの問題がある人のためのケアセンター「認定NPO法人ワンデーポート」の施設長の中村努氏は、発達障害を知ってから支援の仕方が変わったという。たとえば、「ワンデーポートでは発達障害の診断やその傾向がある人だけのミーティングを2008年から開くようになりました」[137]と述べている。しかもこうした人々のなかには、ミーティングに馴染めない人もおり、「馴染めない人には、無理に参加を継続させるのではなく、個別の関わりを中心にし、就労支援などを通して、その人の得意とするものを引き出すことを心がける」[138]という。また、この時期、発達障害者向けのプログラムを考案しているダルクもある。[139]
社会は変化し、依存症の人々の様相もまた変化する。そして、依存の問題を抱えているといっても個人は多様で、十二ステップ・グループにつながれない人々もいる。
次の第5章では、依存症の支援者十名の語りを紹介したい。そこでは、十二ステップ・プログラムにつながらない／つながれない人への支援についても語られていた。

137　中村・高澤・稲村（2012: p.99）
138　中村・高澤・稲村（2012: p.101）
139　市川（2013）

第5章　依存症の支援者——変えようとしない支援

〈変えられるのって、人との関わりの部分だけなんですよ。〉

（精神科医・成瀬暢也）

〈変わらないもの、これをどう支援していくかを具体的にしていく。〉

（精神保健福祉士・高澤和彦）

5・1　支援者の語り

支援者たちの試行錯誤《トライアルアンドエラー》

ダルクと十二ステップ・グループは当事者のコミュニティだが、そこでの活動は、たくさんの支援者との連携で成り立っている。そこで本章では、依存症支援に長らく携わってきた十名の支援者たちの実践を紹介していきたい。

私が直接インタビューすることができたのは九名の支援者たちだ（精神科医：四名、精神保健福祉士：一名、保健師：一名、保護観察官：一名、弁護士：一名、米国認定臨床心理士：一名）。その他、私自身はインタビューに同行できなかったが、インタビューを行った研究会メンバーにデータを共有してもらえた一名の支援者がいる（看護師：一名）。十名とも何らかの形でダルクの活動に関わっている支援者たちだ。

本章ではこの十名の語りを紹介していく。[140] 実名を出してもよいとの許可を得られた方のみ、実名で紹介していく。

まず、最初にとりあげたいのが、支援者たちが語るかつての彼らの様子だ。

成瀬暢也《なるせのぶや》医師（精神科医／男性／五十代／2018.8）[141]は、研修医になって三年たった頃、アルコール依存症の患者を何人か担当した。〈自分は治せるって思ってたんですけど、誰一人治せなかったですね〉と当時を語る。〈最初の頃、自信を持ってやれていたのは生意気だったからだけで、あんなやり方でやっててもうまくいかないと思いますよ。自分が真剣に関わったらどんな病気でもよくなるんだって、ふざけたこと思ってましたから〉とかつての自分を振り返り、〈そのスタンスこそが駄目だと思う〉と語る。その後、成瀬医師は模索を続け〈つながりを維持する〉という現在の治療スタンスを確立していくことになる。

伊波真理雄《いなみまりお》医師（精神科医／男性／五十代／2017.8）は〈最初はもう超重要人物だと自分のことを思ってました〉と若かりし頃の自分を語り、いまでは〈医者なんてホントは大した役割はない〉と笑う。〈一番手堅いと思っていた説がひっくり返されたりとか、医学の世界

140　本章が依拠するインタビューはすべてダルク研究会で行ったものであり、インタビューは基本的に南保輔、相良翔と筆者の三人で実施した。十名の方には本章の原稿を確認してもらった。読みやすさを配慮し、インタビューの語りの一部に表現上の修正を加えてある。

141　（職種／性別／インタビュー時の年齢／インタビュー実施日）

は流行り廃《すた》りのある世界。何が正しいのかだんだんわからなくなってきて。権威があって、絶対的な真実があるという世界でもないんだな、ってことがわかってきたのが四十代〉だった。こうした伊波医師は、その後、ダルクなどの施設と連携しながら治療を進めるという独自の支援を実践していくことになる。

J医師（精神科医／女性／五十代／2018.9）は、かつては精神科救急で急性期の患者を担当していたが、そこで出会う薬物依存者は〈覚醒剤をやって急性中毒になってコンビニのガラスをすべてぶち割ってきた〉ようなケースが多く、〈精神障害がとれれば退院で、退院の時、出口に警察が待っていて手錠をかける〉というのがお決まりのパターンだった。だから、J医師は〈依存症の人たちを回復の道へとか、そういうことは思ったことがなかった〉。当時の自分のことを〈薬の害しか言わない医者〉だったし、患者とも〈あまり関わらないようにしていたんじゃないかな〉と振り返る。だが、２０１４年から依存症の支援に深く関わるようになり、ダルクとも出会い、いまでは〈依存症の人と話していることが自分の人生を考えることの一部みたいな感じ〉になっている。そして、〈こんな幸せなことってあるかしら。この歳になってこんなにやりたいことに出会えるって、すごくないですか？〉と笑顔で語ってくれた。

支援者だからといって、最初から依存症に理解があるわけでもなく、自分の支援スタイルがあるわけでもない。専門家たちも試行錯誤しながら、それぞれの支援スタイルを構築しているのだ。

本節では、こうした専門家たちの支援の内容をみていく。

十名の支援者の語り

東京足立病院の看護師である森はなこさん（看護師／女性／五十代／2018.5）は、１９９６年頃から〈患者さんを自助グループに連れて行く〉ことをはじめた。ある病院の研修で、森さん自身がＡＡミーティングに参加したことがきっかけだった。この時期は、病院にＡＡメンバーに来てもらって病院内でミーティングを開催してもいた。森さんは、〈病院というのは通過点にしか過ぎないので。やれることとっていうのは身体を診ること。あとは自助グループの存在を伝えたり、回復者がいるんだっていうことを伝えるひとつの手段として病院があってもいいのかなとは思っています〉と語る。

依存症支援の現場では、十二ステップ・グループをはじめとしたセルフヘルプ・グループ[142]の影響は大きく、支援者もさまざまな形でグループにつなげようと試みている。しかし、グループにつながる人ばかりではない。

カウンセラーのKさん（米国認定臨床心理士／女性／四十代／2018.5）は、グループに〈行ってみるの、どう？〉とクライアントに聞くと〈だいたい、嫌だって言うんですよね〉と教えてくれた。Kさんのクライアントのなかには、〈人前で話すのが嫌〉だから個人カウンセリングに来ている人もいるし、集団がかなり苦手で〈緊張が走っちゃう〉人もいる。実際に、人前で話すことが難しいような虐待を経験している場合もあるという。

成瀬医師も、セルフヘルプ・グループのミーティングを唯一絶対的なものとは考えていない。〈作業をやる方が本人にプラスになる場合もある〉し、〈言葉で何かをすることが苦手な人たちに、ミーティングしかないって言うことの方が拷問かなって思う〉からだ。

高澤和彦《たかざわかずひこ》氏（精神保健福祉士／男性／五十代／2018.7）は、セルフヘルプ・グループへの参加を含めて「集団」や「仲間」を前提とした支援に導くことが依存症支援の中心になっている現状を危惧しており、「個人」を前提とした支援が必要な人もたくさんいると指摘する。

このように、私が話を聞くことができた支援者たちは、まずは当事者グループがあることを前提としていた。そして、相談者をグループにつなげるサポートをしつつ、同時に、グループにつながれない人や別の方法でのアプローチが望ましい人を支援していた。以下では、それぞれの支援者たちの実践をみていきたい。

【変えられるのは関係性だけ（成瀬暢也医師／精神科医／男性／五十代／2018.8）】

埼玉県立精神医療センターの副病院長（２０２１年５月現在）の成瀬医師[143]は、依存症の人たちは〈自分からは言わない〉けれど、それまでの人生で〈ひどい目にあっているんですよ〉と語る。だから、〈まずは、ここまで生きてきたことがオーケー〉なのだと話してくれた。

〈マラソンをするのに百メートルダッシュをするような人たちばっかりですよ、依存症の人たちは。いい加減でやる気のない連中のようにみえるけど、あれは病気がそうさせているんだと思っています。仕事を人並み以上にやらなきゃと思っている人たちがすごく多く

142　筆者は、十二ステップ・グループ以外のセルフヘルプ・グループでのフィールドワークは行っていない。だが、断酒会など、十二ステップ・グループ以外の依存症の当事者グループもある。
143　成瀬（2019）など、依存症に関する著書も多い。

て、ドーピングしてでも働こうという人たちだと思うんですね。過剰適応して頑張り過ぎちゃう。……誰がやっても失敗するような方法でやって失敗して、自分はダメだって思ってる。そんな感じがします。〉

穏やかな口調でこう語る成瀬医師は、依存症の治療に携わるようになってから、実に十年以上もの間、〈煮え切らない、すっきりしない思い〉で診療を続けていたという。治療といったところで、何を目指せばよいのかわからなかったのだ。

当時の病院で行われていた〈無理やり変えようとか、酒や薬物をやめさせようとするスタンス、厳しくして底をつかせるといったやり方〉や〈医療者が上になって患者さんに指示するような〉雰囲気には違和感があった。他方で、AAなどのグループに行けば回復すると周囲の人はしきりに言っていたが、患者たちはグループには〈ほとんど行かない〉。〈入院中だけ義務で行っていても退院したら行かないわけでしょ。行き続けた人はたしかに変わっていくけれど、あまりにその率が低い〉。目の前にはそんな現実があった。

こうして〈何が正しいのかわからなかった〉長い年月の末、成瀬医師は〈信頼関係ができると、自分で変わっていく〉人たちの存在に気づいていった。そして、患者を変えようとせず、患者とのつながりを維持する支援を確立していった。

現在は、〈明らかに、人の関わるところで患者さんが変わるということが実感できているので、自分が関わるのはそこだなって思っています〉と語る。自分自身の治療スタンスについて〈腹は決まった〉のだ。

〈大切なのは安心できる居場所と信頼できる人、仲間っていうんですかね。人から癒されるようになったら、薬物で、かりそめの癒しでつないできたものを手放せる。……癒すものがないからこそ、お酒や薬物にしがみついて何とか生き延びているという見方をすると、最初からダメだとそれをとり上げたら生きていけなくなるだろうというふうに思いますので、酒を飲んじゃダメだ、薬を使っちゃダメだとか、使ったり飲んだりしたことを責めることは治療上タブーだと思っています。それを真っ先に言えば治療関係も築けないし、批判的な目で患者さんを見ることになるので。それがひとつの壁になってきたんじゃないかなと思いますね、これまで。〉

成瀬医師は、アルコールや薬物をやめさせようとしない治療を実践するなかで、多くの患者が薬物やアルコールをやめていくケースをみてきた。もちろん、変わらない人もたくさんいるが、変わらない患者もまた、現状を何とかしたいから病院に来ているのだと考えている。〈本人のなかでも変わりたくないものがあるかもしれないし、変わるのが大変な障害を持っている人もいるでしょうし。合併症があるために、人に癒されることに人の何倍もかかったりするかもしれないし〉。だが、〈変わらなくても付き合っていれば、変わった時に一緒に喜べる〉、だから、〈放り投げたりしないで、変わるまで付き合っていけばいいんじゃないですかね〉。そんなスタンスで関わり続けていくという。

十二ステップで回復を目指すというのは〈とても意味のあること〉だと述べつつ、〈十二ステップでなくても、とにかく人に癒されるようになれば〉よい方向へいく。〈とにかく人とのつながりができるかが重要〉だという。

そして、患者たちが外来に来てくれることが、いまは〈本当に嬉しい〉のだという。

〈誰も信じられないから酒や薬物をやっていた人と気持ちが通じるということは、こちらもものすごく癒されるということなんですよ。信頼関係っていうのは、こちらが患者さんに与えるんじゃなくて、同じ人として通じ合うということ。対等だし、双方向だから、患

者さんが癒されるとしたら僕も癒される。だから、すごく癒されてますよ。〉

こうした成瀬医師の治療スタンスに対して、私が〈成瀬先生のお話は依存症に限らないですよね〉と質問すると、〈この方法は他の疾患にも通用すると思う。人と人との関係性の話だから〉と答えてくれた。

〈どうすれば幸せになれるかっていうことですよね。そういうふうに伝えられればと思います。幸せになるから回復していくんですよ。人に癒されるから。そうしたら、他の病気だってそうでしょ。〉

さらに、私が〈医療に限らず、親や教師のあり方、他のさまざまな支援にも通じるんじゃないでしょうか〉と質問すると、そうだと答えてくれた。相手を変えようとして、あるいは、変えなければという義務感で子供や生徒を叱ったり怒ったりしてすり減っている親や教師もたくさんいるはずだ。

いまなおメディアでは、有名人のアルコール問題や薬物使用への論調は厳しい。だが、成瀬医師は、〈依存症者はつらい時にはどうするかって、酒を飲んだり、薬物を使うしかない人たちだから、追いつめれば追いつめるほどスリップするわけですよね。有名人へのバッシングは、あれはもう薬物を使わせる最も強力な方法だと思いますね〉と語る。

そして、〈いまの精神科の治療は薬の処方が中心になっているから、そこに切り込みたいと思っているんです〉と話してくれた。

【生きることを支える（高澤和彦氏／精神保健福祉士／男性／五十代／2018.7）】

精神保健福祉士の高澤さん[144]は、２００７年以降、埼玉県で「浦和まはろ相談室」を開業している。依存症支援歴は長く、埼玉県立精神医療センターの依存症病棟にも長らく勤務していたし、ダルクにも十二ステップ・グループにも深く関わってきた。

かつての高澤さんは、患者をダルクやグループにつなげることこそが自分の役割だと思っていた。だが、〈結果はそんなにたいしてつながらない〉。ダルクやセルフヘルプ・グループにつながる人を増やそうという発想で支援をしていると、グループにつながらない〈残りの八割九割の人のことはお留守になっているんですね、実を言うと〉。そしてグループにつながらない人のなかには、集団に身を置くこと自体に困難があったり、グループにつながることでは抱えている問題が解決されない人もいる。このことに気づいた頃、他の支援者たちと〈つながってよくなるのは経験的にはせいぜい二割。残りの八割の方はどうするの?〉という話もした。２００５年前後のことだという。

ちょうどこの少し前、アメリカのミシガン州にある依存症の回復支援施設「ドーン・ファーム」を見学する機会があった。ドーン・ファームではもちろん、依存症者をＡＡなどのグループにつなげることもしていた。だが、〈同時に、しっかりやっていたのが、この人が生活できるようになるにはどうしたらいいかを考えること〉だった。

こうした経験のなか高澤さんは、ひとりひとりを丁寧に理解し〈生きることを支える〉という現在の支援スタイルを築いていった。

高澤さんの相談室には家族や本人がギャンブルの問題で相談に来るケースが多いというが、高澤さんは〈薬とかお酒とかギャンブルとかっていう表面に出ている問題には、あまりとらわれてない〉し、〈ギャンブルどうやめましょうかって話にはほとんどならない〉という。

144　中村・高澤・稲村（2012）など、ギャンブル依存についての編著もある。

高澤さんが担当してきたケースでは、〈たとえば、家族が、子供さんの実力とか能力とかをすごく間違ってとらえている場合があったりして。その人にとってはすごい高い目標、たとえば仕事をちゃんとするとか、お金の管理をちゃんとするとか。いや、それってその人にはできないよねっていうケースもたくさんある〉という。

だから、周囲の人たちが〈この人にとって無理だったのはどこか〉を理解し、本人に不適切な刺激を与えなくなることによって本人が落ち着くと、〈わりと問題も消えるか、あってもそんなに問題にならなくなる〉ケースはよくある。また、ギャンブルなどの問題が起こり続けることを前提に話を進めなければならない時は、極力被害を少なくしながら、その問題と〈どういうふうにつき合っていくか、ということが落としどころになる場合〉もある。

現代社会では、誰もが学校を卒業し、就職し、金銭を管理し、自立して暮らすことが求められがちだが、実際には、そうしたことができない人はたくさんいる。できないことには、知的な問題や精神障害が絡んでいる場合もある。こうした現実があるにもかかわらず、私たちの社会では頑張ればできるはずだという思い込みが共有されており、できない人はできるようになることを求められ、できなければ努力が足りないと責め立てられる。自分の意志では酒をやめることができなくなっているのに、周囲から酒をやめろと言われるのと同じパターンだ。このパターン（これこそベイトソンが指摘した「社会の狂った前提」だ）が、飲酒問題だけでなく、現代社会のあちこちで展開されていることがわかる。

高澤さんの支援の基本は、問題行動が起きている背景を丁寧にみていき、その人をよく理解した上で、その人に合った生活を本人や家族と一緒に探していくことにある。なお、ここでいうその人に合った生活というのは、仕事の種類や自由な時間の使い方、周囲の人間関係を含めて、本人が過度にストレスや苦しさを感じないで暮らせる生活のことだ。そのために、本人が「できないこと」と「できること」を丁寧に分けていき、できないことは周囲の人からサポートを得られるように調整し、できることは自分でやるようにしていく。すると結果的に、依存行動も小さくなり、本人が対処できる範囲に収まっていくケースが多いという。

このように〈無理のない生活〉をつくっていくことは、セルフヘルプ・グループの機能とも共通していると高澤さんは考えている。

〈セルフヘルプ・グループでは、ミーティング、スポンサーシップ、ステップの実践などにより、自己評価のズレ、高望み傾向、自分を大きく見せることなどに自分で気づいて修正して、無理のない生活に近づいていくのだろうと思います。ですが、自分で気づいたり、自分で修正したりすることが難しい方々に対しては、周囲の理解と環境調整によって無理のない生活に近づけていきます。自力中心か他力中心かの違いはありますが、どちらにしても、無理のない生活に近づけば依存問題は小さくなるのでしょうね。〉

現在、高澤さんは、「依存症」という「病名」が世間に広がっている状況を懸念している。もちろん、病名がポジティブに作用することもある。病名がつくことで、その人が抱えている問題が明確になるケースなどだ。だが、高澤さんのクライアントの多くは〈二次的に依存の問題が出ている人たち〉だ。そうした彼らを「依存症」という病気モデルで理解してしまうと、ギャンブルやゲームといった依存行動をやっているかやっていないかばかりに注目する結果になり、彼らが本当に困っている生活の問題への支援にならない場合があるというのだ。

〈彼らが本当に困っていることは、たとえば、学校に馴染めないとか、仕事が難しいとか、家族のなかに居場所がないとか、うまく自己表現ができないとか。そういうところの方が先なわけで。そういう人に依存症だって言っても、それは否認してもあたり前っていうか。

いや、僕の困ってることはこっちなんだよって。でも、もうすでに家族とか周囲の支援者が依存だけに目を向けてしまっていると、それ以外のところがみえてこなくなる。〉

依存症には〈否認〉という症状があるとされてきた。これは本人が自分を依存症だと認めたがらない傾向のことである。高澤さんが指摘しているのは、本人が「自分は依存症ではない」と言うと、周囲の人は「そういうふうに否認することこそがまさに依存症なのだ」と考えてしまい、結局、本人を依存症者としてしかみなくなることの問題性だ。別のことでひどく困っているのにそのことは理解してもらえずに、とまらない行動ばかり着目される。しかも、「自分は依存症じゃない」と言っても誰にも伝わらない。これはたしかに苦しい状況だ。

では、依存行動だけに着目しないというのは、具体的にはどういうことなのか。次の事例は高澤さんが実際に関わったものだ。

最近来たお母さんは、「本人が新年早々パチンコに行ったんです。元日ですよ。元日」とプリプリ怒っていました。しかし、詳しく聴いてみると、元日に本人が苦手な親族が来ることになっていて、年末から本人はその人には会いたくないと強く意思表示していました。「部屋に隠れているのも大変だし、居心地もよくないし、ある意味賢く逃げたのでは？」といったら、母も「そういう見方もあるんですね」ということで、「パチンコだけに目くじら立てずに、どうして元日に家にいなかったか理由を聞いてみたら？」と伝えました。家族の方が本人との関係で苦労していると、知らず知らずにこういう敵対した見方になってしまいます。あるいは、私たち支援者も旧来の依存症のやり方だけで考えてしまうと、「それは病気の症状」「それはスリップ」などと病気モデルの論理で理屈をつけてしまいます。そのあたりを見直してみようということが最近すごく多いです。[145]

この例のように、人であれ、出来事であれ、最初からこうだとは決めつけず、本人の立場に立って丁寧に理解していくのが〈生きることを支える〉という高澤さんの支援のスタイルだ。

【施設と連携した支援（伊波真理雄医師／精神科医／男性／五十代／2017.8）】

雷門メンタルクリニックの院長である伊波医師は、依存症に関わりはじめた頃、ヘーゼルデン財団を見学した。アメリカのミネソタ州に本部を持つ依存症の回復施設で、たくさんの当事者が職員として働いている。伊波医師がヘーゼルデンで感じたのは〈経験者には絶対かなわない〉ということだった。〈当事者の共感能力とか、当事者といる時の本人たちの安心感やリラックス〉を知ったのだ。

〈薬物の人、アルコールの人もそうですけど、やっぱり人を見て、自分のなかに入れる言葉を選んでますからね。〉こう語る伊波医師の支援のスタイルは、ダルクや十二ステップ・グループなどの何らかの施設やグループにつながっている患者を診察するという独自のものだ。伊波医師の治療だけを患者が希望しても、原則、受けない。〈ダルクなしで薬物の治療をするほど、僕は器用じゃない〉からだという。

〈依存症の回復って僕の手には負えないので。そういう人たちのたまり場を僕は何カ所か知っていて、行ってみてどうだったって聞いて。面白そうな人がいたかとか、自分と似て

145　「一歩（ワンポ）通信―ギャンブルに依存している人の支援について日々考えるブログ―」(http://onedaypt.jugem.jp/?eid=938)

る人がいたかという話を聞いて。もう一回会いに行く気がある？　なんだったら行ってみればとか。まぁ、そういうスタイルですかね。〉

つまり、患者を〈自分のクリニックだけで抱えないようにして〉、彼らにはダルクをはじめ就労移行支援事業所やグループホーム、病院のデイケアなどの集団で過ごしてもらい、そこからの報告を受けながら、伊波医師が薬の処方などの医療的な治療を引き受けるというスタイルだ。何かを決める際も、医師と患者が一対一で決めるより、施設のスタッフと患者が話し合う方がうまくいくことが多いという。もちろん、集団のなかに入っても自分のこだわりにとらわれ続けるなど、集団での回復に向かない人もいる。そのあたりは個別に見極め、臨機応変に対応している。

グループの力を利用した自らの支援について、伊波医師は小さな子供の例でわかりやすく喩《たと》えてくれた（あくまでわかりやすくするための喩えである。伊波医師が依存症者を子供のような存在とみなしているわけではない）。

はじめて保育園に連れてこられた子供は、最初は母親を探して泣いているが、慣れてくると母親が迎えにきても他の子供たちと走り回っている。こういう力が集団にはある。伊波医師が見つめているのは集団が持つこうした力だ。治療の現場でも、まわりが落ち着いていると本人も落ち着いていくようなことは起きるという。

保育園で泣いている子供を先生がずっと構っているよりも、他の子供たちが「一緒に遊ぼう」と誘う方がいいことを、私たちは経験的に知っている。依存症の回復も一緒で、伊波医師は、十二ステップ・プログラムで〈俺もこいつらも一緒〉というところからスタートしようとしている時には、個人に注目して特別扱いをする傾向がある個別支援は控えた方がよいとも感じているという。

伊波医師は最初からこうした支援方法がうまくいくと思っていたわけではない。〈よくなった人をみて、どうしたからよくなったのかなっていうふうに考えて、じゃあそれは続けていこうとか、余計なことをしてしまってうまくいかなかったら、次からはそういうのはやめようとか〉修正しながらやってきた。そして、次のように語る。

〈極端な言い方をすると、僕は診療技術のほとんどをダルクで学んでいるんです。治療観とかそういったものも、十二ステップに熱心に取り組んで結果を出してきた人たちとともにあるというか。〉

ダルクから学び続ける伊波医師のことを〈ダルク依存症〉と呼んで批判する医師もいるそうだが、伊波医師はまったく気にしない。〈ありそうな病名だなぁと思ったんで、特に言い返す言葉もないんですけど。……患者に必要とされる方が残るっていうふうに、割とシンプルに考えてますかね〉と飄々《ひょうひょう》とユーモラスに語ってくれた。一般の医師たちに治療スタイルについて聞かれたら、自分がやっていることをそのまま話す。評価は好きにしてもらっていい。

こうしたスタンスを確立するまでのプロセスでは、〈腹をくくって、一時期はもうダルクとともに滅びてもいいと思う程度ののめり込みというか、少なくとも彼らの役には立とうという気持ちと、回復の足を引っ張らないようにする医療者であるためには何をしない方がいいのかっていうことを考えながらやってきた〉。

他方で、回復については〈タイミングや偶然の影響をかなり受けるので。それこそ、そりゃあもう、僕のあずかり知らぬ大きな力が動いている〉と考える。患者が〈よくなった時も自分がやったと思わないように気をつけていますけどね。自分が関わったって言ったら、なんかね、聞く人によっては俺が治したみたいな感じになるから〉。

医療者としてベストを尽くしつつも、自分は治せるとか自分が治したというエゴとは遠く距離をとり、〈大きな力〉に回復をゆだねている。

伊波医師は、いわゆる世間的な常識とは距離を置いたところで現象をとらえてもいる。たとえば、薬物を一年間やめた後に再使用するようなケースについても、〈規則的だったら、そういうスタイルもありっていうか。一年使ってない。で、また使う時期がきたね、みたいな感じで〉と述べ、クリーンが続くことばかりが最高だとは考えていない。同様に、刑務所に入ることは悪いことでもないと語る。

〈捕まった時は捕まった時で、僕はそういう世の中のシステムを否定する立場でもないので、まぁ、じゃあのんびりしてらっしゃいって。これで規則正しい生活ができるねって感じですかね。刑務所に行ったからといって人生が終わるわけではないので、必要以上にはかなんだりしないようにって。捕まらない方がよいとも別に思わないし。こういう人生を繰り返したくないって思った時に、はじめて解決に向けたアクションが起こせるので。繰り返したくなかったらどうすべきか。どういう人と出会って、そこから何を得るのかっていうことが、また大事になってくるんだろうなぁと思いますけど。〉

伊波医師の語りは再度紹介するが、依存症の支援を超え、特定の個人が生きにくい社会環境について再考を迫るものでもある。

【本人の言い分をよく聞く（J医師／精神科医／女性／五十代／2018.9）】

Ｊ医師が依存症に深く関わるようになったのは、２０１４年に現在の職場に赴任してきてからのことだ。そして、ダルクとの出会いを〈話には聞いていましたけど、驚きの世界でした〉と振り返る。かつて精神科救急で診療していた急性中毒状態の薬物依存症者と、ダルクで出会った薬物依存者たちは、まったく違ったからだった。〈ダルクで当事者が自分たちの回復のことを考えたり、後輩のことを考えていくというのはすごく面白いというか、すごいなと思いました。〉

以前は〈覚せい剤を使う人っていうのは、やはり考えが甘いんじゃないのっていう考え〉を持っていたが、〈依存症のことを勉強するようになって、ホント、百八十度考えが変わったんですよ〉と語る。

現在、Ｊ医師は公立の治療センターで、依存症のグループ療法や個別面接に関わっている。

センターの利用者がＮＡなどのグループにつながっていくことはひとつの理想だが、〈新しい人間関係が苦手な人〉もいる。だから、〈無理はさせないで、ちょっと様子を見てる感じというか、無理なく旅立てる日を待つ〉といったスタンスでいる。

こうしたＪ医師が、依存症者と関わる時に意識しているのは、〈本人の言い分をよく聞く〉ことと〈流れを大事にする〉ことだ。

〈面接ってダンスに似ているところってないですかね。調子を合わせて、お互いを合わせるとうまくいくんですけれど、どちらかが先走ったり少しこじれたりすると、そのダンスは崩れてしまって。……そういう時って大体、私が意地になっていたりすることが多いんですけれど。流れが崩れているとか、意地を張っているところに気づいて面接を進めていければいいな、ということはいつも思っています。〉

＊：Ｊ先生が意地を張ってしまうんですか？

〈どちらかというとそうです。向こうが、ということはまずないです。自分のなかで主張したいこととか説教したいこととか、「うん？」と思うことがあると面接が崩れてしまうように感じます。そこはやはり、相手を無視したことが大きいなと思います。〉

意地を張ってしまうのは医師の側なのであり、患者の側であることは〈まずないです〉とJ医師はキッパリと語ってくれた。

【二つの世界をとりもつ（梅野《うめの》充《みつる》医師／精神科医／男性／五十代／2017.7）】

現在、東京のアパリクリニックで依存症の診療にあたる梅野医師は、これまで公立の病院などでも長らく依存症治療に携わってきた。こうした梅野医師は、舞台に立つのは当事者たちで医師としての自分は裏方だという。〈舞台監督というか。裏方稼業っていうか。それがやっぱ好きっていうか〉。そして次のように語っている。

〈やっぱり本当に大事なことは、セルフヘルプのプログラムで起きてる感じがするんですよね。ミーティングの場でしか起きないっていうか。で、そこで起きたことを、後から、「先週のミーティングで先生こうなんです」って聞いて、こちらも感動してる。そういう経験は、もう日々ありますよね。……治療がうまくいっている時は、ただそこで見せてもろてるだけ、そういう感じですね。ミーティングでこんなことがあったんですって。で、それがうまくいかない時がありますよね。ミーティングでこんなことがあってもう行きたくなくなったって。そしたら、ちょっと私とお話ししましょうかという感じで。……それで、またグループにつながるのを待つっていうか。〉

医師との個別カウンセリングが必要な段階や合併症などの治療が必要な段階ももちろんあるというが、回復にとって大事なことは当事者グループのミーティングで起きていることが多いと考えており、医師としては患者をとり巻く環境のサポートにつとめている。

こうした梅野医師は、医師が持つ権限や社会的な力を当事者にうまく利用していって欲しいとも考えている。〈たとえば、医者という看板があってはじめてその方の治療が成り立っていく〉部分はあり、医師の診断書が必要な局面もある。〈そこではじめて福祉施設であるところのダルクにつなげることができる、みたいな。……医者のサインがあったら何とかなる世界がやっぱりそこにはあって、こっち［ミーティング］で起きてる本当に大事な回復をサポートせないかんっていう〉。そしてダルクへの反対などがあった際には、〈矢面に立って、「ダルクいうのはこういう活動してんだから、あんたらわかってあげや」と説明するような役割でないとあかんのちゃうかな〉と語る。

一方に当事者の世界がある。他方には手続き等が必要なさまざまな社会制度があり、そこには当事者の活動に理解のない人々もいる。梅野医師はこの二つの世界を行き来できる医師として、〈私は仲人さんみたいな存在であったらええんやと思う〉と語り、互いの仲をとり持ち、二つの世界の架け橋となるような総合的な支援を行っていた。

【当事者ではない支援者のポジション（Kさん／米国認定臨床心理士／女性／四十代／2018.5）】

カウンセラーのKさんは、依存症のクライアントをサポートするためには、特別な勉強は必要だという。だが、カウンセリングの場では特に依存問題を特別視はしていない。生きづらさを感じた時に、〈薬物に手を出しやすい環境にいたとか、アルコールに手を出しやすい環境〉にいた人たちは、問題が「依存症」という形で現れるが、「うつ病」や「摂食障害」などの形で問題が現れる人もいると考えている。

誰しもストレスなどでバランスを崩す時はあるが、依存の問題を抱える人たちは〈薬物やアルコールなど、強烈で一瞬にして気分を変えてくれるものを知ってますから、そっちにいってしまいますよね〉とKさんは語る。そして、カウンセリングでは、〈そこまで刺激的に強烈に自分を変えてくれるものは、残念ながら、それに代わるものはないかもしれないですね。でも、それには代わらないけど、あなたがホッとできる、またはあなたがちょっと気分転換になりそうなものってなんだろうね〉ということを話し合っていくという。つまりは〈自分の取扱説明書をちゃんと自分でわかってもらう〉のだ。

Ｋさん自身はもともと薬物やアルコールとは縁がなく、周囲にもそうした人がいない環境で育った。酒も飲めない。そんなＫさんだが、海外の大学院でカウンセリングを学んでいる時に、インターン先を探していたところ、たまたま薬物とアルコールを中心とした依存症の専門外来に決まった。依存症の回復支援は〈ＤＶやあらゆる問題がいっしょくたになって入ってくる世界〉で、いろいろな経験が積めたという。

こうしたＫさんは、かつてスーパーバイザー（カウンセラーの指導者）に〈当事者じゃない私がカウンセリングをしていいのだろうか〉と相談したことがある。するとその時スーパーバイザーは、〈なんで男性の産婦人科医がいると思う？〉と話してくれた。〈産みの苦しみっていうのを体験していなくても、産むお手伝いはできるわね〉と。そして同時に、本当の意味で寄り添うということは経験していてもしていなくてもできるはずだが、選ぶのはクライアントだとも話してくれたという。

こうした経験も経ているKさん自身の考えは、〈やっぱり当事者にしかわからないこともありますし、当事者にしか話したくないこともあると思うので、それはクライアントの自由〉というものだ。

カウンセラーとして一番やってはいけないことは、〈クライアントに害を与えること〉だとKさんは考えていて、そのためには〈徹底して自分自身を見ていく〉。

薬物依存症の人には〈使ったことあんのかよ〉とか〈使ったことない奴の言うことなんて信用できない〉などと言われることもあったが、そうした時は、〈自分の何が悪かったのか、どういう終わり方が、その人にそういう気持ちを起こさせたか〉を内省する。

私が〈クライアントの方は結構きついことも言うんですね〉と言うと、〈言います。言います。全然いいと思うんですよ。……やっぱり、心のうちを言ってもらわないと〉と答えてくれた。他方で、〈その人のワールドに入り過ぎない〉ことも意識しているということだが、それはクライアントの話に〈ギュッと〉入り過ぎてしまうと〈自分を壊しちゃう〉からだ。

こうしたことを含めて、カウンセラーとしてクライアントに関わっていくには自分自身のケアも非常に大切だという。いろいろな方法があるが、Kさん自身は瞑想やヨガなどで自分自身のセルフケアを日々しっかりと行っている。そして、〈人の話を聞くためには自分が自分の話を聞いてあげないと〉と語っていた。

【共感がある〈Lさん／保健師／女性／四十代／2017.8〉】

保健師の業務は主に地域住民の健康指導や健康管理とされ幅が広いが、保健師のLさんは、さまざまな職場で依存症に関係する業務も経験してきた。そうした仕事の一環として酒害教室の司会をすることもあった。当事者やその家族が語る〈人の目が気になっちゃうとか、自分には本当に価値があるんだろうかとか〉いった悩みを聞きながら、Lさん自身〈すごく共感できることが多かった〉。そして、〈いろんなお話を聞きながら、みんなの気持ちってこういうところでこういうふうに揺らぐんだとか教えてもらっていることの方がすごく多かった気がするんです〉と語る。

Lさんは、自分よりも依存症の当事者の方が依存についての経験や知識は多いと考えている。だから、依存問題を抱える人たちには、保健師の立場でできることをできる限りやるというスタンスで関わってきた。保健師としての関わり方はさまざまだが、たとえば、福祉制度や施設について知りたい人がいる場合は、〈一生懸命、社会資源を調べて資料とかお渡ししたり、退院後に施設に入りたいという人にはいろいろな施設と連絡を取り合ったりして〉

調整をしてきたという。社会資源というのは、問題を解決するために活用される自立支援医療制度などの各種制度、グループホームや作業所などの施設、精神保健福祉センターなどの機関、セルフヘルプ・グループなどの人的資源のことだ。困っている人に役立つ資源を探して紹介し、時にはつなげるために調整を行う。

セルフヘルプ・グループについては、〈先生が治してあげる人で患者さんは治してもらう人っていう関係性じゃなくて、AAやNAってお互いが対等な立場じゃないですか。うん。それで、お互いの体験を共有して似たところを自分でつかみとっていくっていう。そういう作業っていうのはやっぱりいいなぁって思いますよね〉と語っていた。

【とにかく対象者に会うのが好き（Mさん／保護観察官／女性／四十代／2018.7）】

保護観察官のMさんは、保護観察に付された人だけではなく、刑務所や少年院といった矯正施設で生活している〈対象者〉の話を聞き、その内容を書類にまとめる仕事に長らく関わってきた。年齢や性別を問わず、長期受刑者や累犯者などいろいろな人を担当してきたし、強盗殺人、強制性交、放火等の罪を犯した人にも多数会ってきた。それはMさんが、〈私はとにかく対象者に会うのが好きなので〉自分で希望を出したからだという。こうして、薬物の勉強会にも自主的に参加していき、ダルクとも関わるようになっていった。

犯罪傾向が進んでいる人ほど嘘や裏切る行為があったり、わがままを言ってくると感じる場面も多い。そもそも保護観察官が話を聞くといっても、対象者は〈基本的に、悩みを解決するために自分たちから相談に来てる人たちではないので〉、コミュニケーションに意欲のない者もいる。そして、保護観察官であれ、被害者の立場に寄り添えば、加害者である対象者に人として腹が立つ部分もある。

だが、どういうわけか、Mさんはどのような対象者にも腹が立つことはあまりない。自分自身でもなぜだかわからないというが、対象者に〈なんとなく理解があるのかもしれない〉と語る。

〈やはりまったく別の人間でもないし。いろいろこう、親子関係などで非常に悩みが深くて、適切な解決策を教えてくれる人もまわりにいなくて、彼らの目の前に立ちはだかった問題の解決方法が、犯罪というやり方だったり、自己治癒的に薬物に手を出してしまったり、何かを盗むことや、人を傷つける結果になってしまった人もいるのかもしれない。〉

いずれにしても、Mさんは罪を犯した人と会っていても腹は立たず、また彼らの話に耳を傾けることを興味深く思えるのだという。私の質問にも次のように答えてくれた。

＊　嘘をついたりする対象者の方とずっと会っていると、人間不信みたいなことにはならないんですか？

〈ならないです。〉

＊　ならないんですね……。

〈ならないですね。人は嘘をつくものだと思うし。たとえば、悪いことをやっているだろうと決めつけられたら、誰だって自分の罪のことは軽く言いたくなるし、逃げたくなると思う。〉

かつてMさんは意欲的に勉強をして、本もたくさん読んだが〈頭でっかちな指導ばかりして、で、全然うまくいかないなぁという時期〉もあったという。〈うまくいかない〉というのはどういうことなのかと私が質問をすると、次のように話してくれた。

〈要は、対象者の人が話していることをきちんと聞いてなかったんですよね。効果的な面接にするためにはこうあるべきだとか、このような場面ではこう言った方がうまくいくはずだとか、そういったシミュレーションばかりたくましくなっちゃって。目の前の訴えをきちんと聞いていなかったんです。でも、目の前の訴えをきちんと聞くことが一番大事なことだと思うんですよね。対象者が何を伝えたいのか、何を求めているかっていうことをちゃんと聞く耳を持つというのが。〉

いま、目の前で何が話されているのか。対象者は何を伝えようとしているのか。Mさんはじっと耳を澄ますのだ。

仕事で対象者と関わる場面では、〈純粋に人の更生を助けるという綺麗事ではいかない場面〉もたくさんあり、疑いながら対象者と対峙せざるを得ない局面も出てくる。

しかし、職場での対象者たちとの関わり方と、ダルクの人たちの薬物依存者たちとの関わり方は、まったく違った。

〈ダルクのスタンスっていうのは、司法が行う対人援助とは全然違うと思います。まずは、自分たちの仲間として受け入れて、助けていこうっていう感じが全然違うなど。やっぱり、そのような精神があるということを忘れちゃいけないし、ダルクは信頼というものを再認識する場だと思う。〉

Mさんは、仕事上の必要性からではなく、自分自身がダルクに関わりたいから長年ダルクに関わってきたという。そんなMさんはダルクについて、〈ヒエラルキーもなく、みんなで助け合って、できるところをお互いに補いながらやるというところ〉や、〈私が長年関わってきたダルクでは、たとえば、やみくもに、ぶどうをとりに行くんじゃなくて、機が熟してぶどうが落ちてきたら何かやろうか、みたいな〉、そういう感じが〈すごくいいなあ〉と語る。

最近は、〈障害のある方への支援とか、保護観察の分野でも福祉的な関わりが非常に強くなってきている〉とし、〈懲罰ではなく、支えるという形に今後どんどん向いていくんじゃないかなとは期待している〉。そして今後も、〈一人の保護観察官として、NAやダルクのよさを伝えていきたいですね〉と語ってくれた。

【丁寧に関わる（森野嘉郎《もりのよしお》氏／弁護士／男性／五十代／2018.1）】

依存症の支援に長く関わってきた森野弁護士は、薬物依存には〈処罰より治療を〉という考え方で活動を続けてきた。

駆け出しの弁護士時代、偶然アルコールと薬物の問題を抱えた人を担当することになった。この時、セルフヘルプ・グループや依存症の支援に関わる多くの人と出会い、〈ひとりの人の回復のためにどれだけ多くの人が関わっているのか〉ということを含めて〈机上の勉強だけでは実感できない回復の現場のあり方〉を知ったという。こうして、精神科医やカウンセラーと協力関係を持つようになり、ダルクとも関わるようになっていった。

森野弁護士の現在の考えは、〈理屈に囚われて考え過ぎるよりも、事件そのものや対象となる人に丁寧に関わり続ける方が最終的にうまくいく〉というものだ。

依存症者に関係する裁判で、依存症者やその家族の尋問を行うことがある。尋問では公開の法廷で弁護士や検察官や裁判官に質問されるのだが、これはかなり緊張することで、うまく話せない人も多いという。

弁護士としての経験が浅い頃は、尋問の際には依頼者と打ち合わせをして〈台本〉を作って、あたかもそれ通りに〈演じ〉させようとしていた。だが、いまは台本は作らない。台本を演じさせるようなやり方は〈ただでさえ緊張している人に、平均台のような一本の狭い棒を進ませるようなもので、もう踏み外したら終わり〉なのだという。

では、現在はどうしているのか。〈まず、いろいろなことについてその人の話や考えを聞いたり、ディスカッションしたりするんです〉と教えてくれた。〈それこそ、その人のライフヒストリーを作るぐらいの勢い〉で依頼者の話を聞くのだという。その時に徹底的に準備をして、依頼者のことをその人自身になりきれるくらいよくわかる状態にする。

依頼者のことを十分に把握できていると、尋問の際には〈おおよその質問内容さえ考えておけば、後は、その場の状況に即して質問していけばいい〉のだという。

〈こうした準備は依頼者の記憶を活性化させることにもつながります。依頼者も尋問の時点では昔のこともよく思い出せているので、突然過去のことを質問されても十分対応できるんですね。弁護士が準備した質問に関することだけを思い出すことが平均台のような狭い棒を進んでいくことだとすると、こうしたやり方はある程度幅の広い、一〜二メートルくらいある道を進むようなもので、踏み外すことはないし、たとえ少しずれても容易に修正が可能になるんです。〉

依頼者とのこのような関わりは、森野氏の弁護士としてのあり方にも影響を与えている。森野弁護士は、依頼者との関係のなかで学んだのは〈人間のとらえ方〉だと語り、次のように続ける。

〈依存症とは関係のない離婚事件などの場合も、依頼者やその家族の関係性や家族史のようなものをまるごと聴き取って対応するように変わっていきました。法律的な論点に関係するところだけで個々の人を見るのではなく、その人をまるごとの存在として受けとめると、裁判などの結論とは別に、大きな方向性は間違えないような関わりができるような気がします。〉

森野弁護士は、ダルクをはじめとする回復施設や、十二ステップやスマープなど、いろいろな依存症の回復プログラムについても〈手放しでこの施設やプログラムがいいと飛びつく〉のではなく、〈施設やプログラムの特質を知り、その人に合うかどうかを見極めて進めていく必要がある〉と語る。〈弁護士が依存症者と関わる時、よく考えないまま、世間で性

能がよいと言われている機械に物を入れてスイッチを押すような仕事をしていると、いろんな間違いが起きると思います。〉

森野弁護士がはじめてダルクに関わったのは1993年（平成5年）のことで、インタビューの時点で、ダルクとは二十五年以上の関わりとなる。当時ダルクは全国に数カ所しかなく、〈お金がなくてね、年末にはどうやって年を越そうかといった感じ〉だった。最近は、法律や制度[146]が整備されたことで、以前より施設運営が楽になっている傾向にあるというが、こうした状況について森野弁護士は、〈また別の課題が生じているのではないかとも思う〉と話してくれた。私が〈別の課題〉について質問をすると、次のように答えてくれた。

たとえば、依存症者が施設の提供するサービスに参加することで、施設に公費による補助金が支払われる制度などもできた。この場合、利用者の回復のためだけに行われていた活動に、施設の運営資金の調達といった新たな要素が入り込んでくる。そして、それまで無償で行われていた営みに金銭が支払われるようになれば、その営みは往々にして変質する。森野弁護士が懸念しているのは、こうしたことの延長線上で、施設の支援内容が変質する可能性だ。〈支援者やリカバリング・スタッフ[147]が、無我夢中でひとりひとりの依存症者の回復に関わっていた時代から、回復させるべき対象者として、あるいは施設の運営を支える活動として依存症者と関わるようになると、ある種の効率性や経済性は向上するかもしれませんが、ひとりひとりとの関わりの内容が変質しないかということが気になる〉ということだ。

金銭には物事を変質させる力がある、かといって、お金がなければ施設を運営していけない。この点について森野弁護士は自覚的であり、〈お金が入ってくることで、何かが変容する可能性があることを常に意識しておく〉ことが大事だと話してくれた。

そして、〈施設にダルクという名前が付いているからといって、もう無条件で信頼される時代でもないと思うんですよね。やっぱり中身。どのように個々の人と関わっているのかが問われている〉と語る。

森野弁護士は支援のスタンスについては、〈努力は怠ってはいけないけど、努力した結果

146　ダルクが障害者総合支援法などの福祉制度を活用することのメリットとデメリットについては、市川（2018）でも述べられている。

147　過去に依存症で苦しんだ経験のあるダルクなどの当事者スタッフのこと。リカバリングには「回復途上」という意味がある。

どうなるかは、神のみぞ知るですね〉とし、また、〈自分が関わらなければと過度に思うのは、逆にまた間違いのもとになりそうな気がする〉とも語っていた。

〈自分の限界は常に知っておいた方がいいと思います。何回弁護しても繰り返し刑務所に入ったりする人もいますから。若い頃は熱心に関わった人がまた事件を起こすともうガックリしてました、関わりが深く思い入れがあればあるほどね。依存症からの回復には時間がかかることもありますし、自分一人の関わりで回復するわけではないので、短期的に熱心に関わることが重要なのではなく、それぞれの人に即して、息長く関わり続けることの方が大切だということが、年をとるに従ってわかってきたような気がします。〉

「変えようとしない支援」・「つなげる支援」・「相手から学ぶ支援」

支援者たちの実践といってもさまざまであり、本章ではそのごく一部をとりあげることができただけだ。しかし、本章で紹介した専門家たちの実践からは、共通して浮かび上がってくる傾向がある。

第一に、酒や薬物をやめさせようとはしない点だ。つまり、「相手を変えようとしない支援」である。

第二に、依存症者を何らかのネットワークにつなげようとする「つなげる支援」である。多くの支援者がＡＡやＮＡといったグループやダルクなどのネットワークに、依存問題を抱える人がつながるように支援をしていた。他方で、グループに合わない人に対しては自分自身がいわば彼らのネットワークになっていた。

第三に、当事者をひとりの人として理解しようとし、彼らから学び続けるスタンスも共通していた。「相手から学ぶ支援」である。

このように共通する傾向として、「変えようとしない支援」「つなげる支援」「相手から学ぶ支援」の三つを挙げることができそうだ。

その上でここでは、「相手から学ぶ支援」について考えてみたい。〈本人の言い分をよく聞く〉（Ｊ医師）、〈目の前の訴えをきちんと聞くことが一番大事なことだと思う〉（Ｍさん）、〈いろいろなことについてその人の話や考えを聞いたり、ディスカッションしたりするんです〉（森野弁護士）などとも語られていたが、こうした姿勢は、「無知の姿勢（Not-knowing）」に通じる。

「無知の姿勢」とはセラピストのアンダーソンとグーリシャンが提唱したもので、ナラティヴ・セラピー[148]のセラピストの構えを指す。それは、「自分が知っていることについて謙虚になることを意味する」[149]。専門家はクライアント以上に知識があるという前提には立たず、クライアントにいろいろなことを教えてもらう必要があるという姿勢でクライアントと関わる態度であり、「これまでの経験、事実、知識をベースにして理解、説明、解釈を作り上げないという専門性」[150]のことだ。

無知の姿勢によって、セラピストは「自分の探すものを追求したり、知識を伝えたり、あるいは持論を宣伝したり正当化するというよりも、クライアントが言おうとすることを実際に学ぶ方により関心を持つことになる」[151]。

日本では１９９０年代に、野口裕二らがナラティヴ・セラピーとともに無知の姿勢を紹介し[152]、心理療法の領域に大きなインパクトを与えた。

私たちも日常のなかで専門家に、話をしっかりと聞いてもらえず理解もされないままに、一方的にズレた解釈をされた経験があるはずだ。こうしたことは治療の場面でも起こってきた。最後の頼りの治療の場でも治療者に言葉が伝わらず、一方的な解釈を押し付けられてしまえば、もはやクライアントに逃げ場はない。

私も、摂食障害だった十代の頃、自分の問題の仕組みがわからなかったために、カウンセラーや精神科医の治療をずいぶんと受けた。[153] 最初のカウンセラーはいつも居眠りをしていたし、精神科医には短い面談の後に何に効くのかわからない薬を処方されて、部屋には処方薬が溜まり続けた。今振り返っても、それらが意味のある治療だったとは言い難い。もちろん、回復するわけがない。これは１９９０年代の東京の精神医療の一端であり、いまなおどこか

148 ナラティヴ・セラピーとは、どのような問題もナラティヴ（ストーリー／物語）が生み出していると考え、問題を生むナラティヴに対処していくセラピーである。セラピストのマイケル・ホワイトが１９８０年代前半に考案した。日本では１９９０年代に紹介され精神医学、臨床心理学、看護学、社会学などの領域で注目を集めた。ナラティヴ・セラピーの目的は、クライアントにとって生きにくい「ドミナント・ストーリー」を生きやすい「オルタナティヴ・ストーリー」に書き換えることにある。ドミナント・ストーリーとは支配的なストーリー、人々を苦しめているストーリー、人々にある行動をとらせているストーリーであり、たとえば、「痩せていることはよいことだ」「男は／女はこうあるべき」というストーリーを指す。「〜べき」「〜でなければいけない」などと表現されることが多い。他方で、オルタナティヴ・ストーリーとは支配的なストーリーとは別の自分自身にとって生きやすいストーリーである。

149 Anderson (1997=2001: p.178)

150 Anderson (1997=2001: p.180)

151 Anderson (1997=2001: p.178)

152 McNamee & Gergen（1992=1997/2014）

153 中村（2011: p.ix-xi）

で繰り返されている景色のはずだが、そこには患者の一生がかかっている。治療をこじらせて治療者に人生をまるごと奪われてしまった患者はたくさんいるはずだ。

本章で紹介してきた支援者たちは、依存症の人たちをひとりの人間として理解しようとつとめ、彼らから学び続けていた。つまるところ、彼らの支援の基本はそこにあるようだった。以上、本節では専門家たちの支援を「相手を変えようとしない支援」「つなげる支援」「相手から学ぶ支援」としてまとめてきた。ここまでみてきた支援方法は、依存症に限らずあらゆる支援、あらゆるコミュニケーションに通じる普遍性があるだろう。

5・2　依存症支援の近年の動向――「共依存」と「底つき」を再考する

私がインタビューを行った支援者たちは依存症支援に長く携わっているため、インタビューでは、過去との対比で現在の支援が語られることが多々あった。そこで本節では、そうした振り返りの語りをとりあげることで、依存症支援の変化を追っていきたい。

具体的にいうと、〈共依存〉と〈底つき〉という考え方が改めるべき対象として語られていた。この二つは依存症について少し調べればすぐに出くわす言葉だ。これらの言葉、つまりはこの考え方は依存症の領域にかなり浸透しているのだ。

まず、〈共依存〉は、アルコール依存の夫の世話をする妻の状態を指す言葉として、１９７０年代末にアメリカで生まれた。共依存の当事者として活動してきたメロディ・ビーティは「共依存症者とは、特定の他者の行動に左右されていて、かつ、自分は相手の行動をコントロールしなければならないという強迫観念にとらわれている人のこと[154]」だと定義した。そして、「共依存症的な行動（心配すること、支配すること）の多くは、普通の人のあたり前の行為でもある。だが、こうした行為に歯止めがかからなくなると、問題に発展する。共依存症とは、ごく普通の行動が度を越してしまうことだ。……他人の責任の範囲と自分の責任の範囲を隔てる境界線を忘れてしまうのだ[155]」と述べる。

共依存とは、主に依存者の世話をする家族の状態を指す言葉だが、その中核には、相手の

154　Beattie（1987=1999: p.73）
155　Beattie（2009=2011: p.17-18）

行動をコントロールしなければならないという強迫観念がある。

次に、〈底つき〉であるが、ＡＡメンバーのひいらぎさんはホームページで、「底つきとは、身体のアレルギーと精神の強迫観念を理解し、アルコールに対する無力を認めることです。これには何かを失うことは含まれていません」[156]と述べる。

第1章でも確認してきたとおり、アルコール依存者の「身体のアレルギー」とは飲みはじめると必ず渇望現象（もっともっと飲みたくなっていく）が生じることであり、この事実にもかかわらず、「一杯だけなら大丈夫だろう」と考えてしまうのが「精神の強迫観念」である。そして、無力を認めることとは、身体のアレルギーも精神の強迫観念も、意志の力ではどうにもできない事実を認めることを意味する。ひいらぎさんは、ホームページで次のように続ける。

日本の依存症支援者が30年以上にわたって使ってきた「底つき」という言葉と、ＡＡが70年以上使い続けてきた「底つき」という言葉は、全く違うものを指しています。
支援者たちが使う「底つき」は、酒で仕事や家族や住む場所など「すべてを失う」ことであったり、「もうこれ以上失うものはない」という状態を指して底つき体験と呼んでいる場合が多いのです。[157]

このように、〈共依存〉と〈底つき〉は当事者も使用している言葉であり、それは依存症の本人やその家族の役に立つ言葉として、いまなお有効に機能している場面もある。

だが、どちらの言葉も支援者には異なる解釈で使われてきたようだ。たとえば、２０２０年の時点で厚生労働省のホームページには次の記載があった。

156　(https://ieji.org/2020/5966)

157　ホームページでは、さらに、次のように続けられている。「そこまで深刻化してしまうと様々なものを再獲得するのも大変ですし、重症化していることも多いので死亡のリスクや身体的なダメージも大きくなります。だから、そうなる前に治療や回復を始めたほうが良い、という意味で『底つきは必要ない』とか『底つきを待つ必要は無い』と主張してます。ＡＡは底つきが必要だと主張していますが、『すべてを失う』という意味での底つきが必要だとは主張していません。メンバーの中には（支援者から与えられた情報によって）誤解をしている人もいますが、ＡＡの公式の見解として、底つきをするのに何かを失う必要があると主張したことはありません。むしろ、何かを失う前に回復すべきだと、ビッグブックは主張しています。」（『心の家路――依存症と回復、12ステップのスタディ』https://ieji.org/2020/5966)

依存症の回復のためには依存症者本人が「どうしても飲んでいるわけにはいかなくなった」という感覚（底つき体験）をもつことが必要であり、そうなってはじめて酒をやめて回復したいと思うのですが、こうした状態となるためには、イネイブラーがイネイブリング[158]をやめ、援助のルートが絶たれる必要があります。イネイブラーとなり得るのは、「家族・友人や上司」「牧師・神父・僧」「医者（特に精神科医）」などです。共依存者もイネイブラーです。こうした人々が行動を変えることが依存症回復の第一歩となることがあります。[159]

こうした記載からは、共依存者である家族や医師が援助のルートを断つことで本人に底つき体験をさせることが回復のためには必要だ、という解釈が成り立つ。回復のためには手を出してはいけない、ということになる。

だが、私のインタビューではまさに、〈共依存〉と〈底つき〉がこのように理解されていた過去とそのことの問題点が、複数の支援者から語られていた。

森野弁護士は、三十年近く前は〈何も手を出さずに突き放すことが依存症者の自然な回復力に任せるよいやり方〉だと〈素朴にみんな思って〉いたと回想する。

〈「とにかく手を出すな」という考えが、だんだん関係を断て、関係を切れというようになり、常に、家族とか従来の人間関係は断ち切って、新たにダルクとかそういったところでの人間関係を構築していくしかないんだみたいな非常に偏った考え方、教条的な考え方になっていったのかなと思います。〉

保健師のLさんも〈昔は、底つきって言って、ご本人が困るまで手を出さないっていう感じだったじゃないですか〉とかつての支援について語る。だが、〈身体症状が出ている方とかに底つきまでやると、死んでしまうことだってある〉という。しかも、〈完璧に断薬するまで［支援者は］手伝わないよ、みたいになっちゃうと、結局、信頼関係もできない〉。そ

158　イネイブリングとは、依存症者を手助けすることで、かえって回復の妨げとなる周囲の人の行為のこと。たとえば、本人が起こしたトラブルの肩代わりをすることなど。イネイブリングをする家族や支援者はイネイブラーと呼ばれる。
159　https://www.e-healthnet.mhlw.go.jp/information/dictionary/alcohol/ya-056.html
２０２０年8月26日にサイトを確認。その後、２０２１年12月の段階では右記の記事は削除されている。

のため最近は、危険な状態になる前に〈先に支援を入れてあげてもいいんじゃないっていう。ハームリダクション[160]の考え方にもなるのかな〉という方向に支援のあり方が変わってきているという。Lさんは〈やっぱり生き延びることが第一〉だとし、〈「支援者との」関係が切れちゃったら、もうそこで次がないから。関係を続けるっていうことを優先にしていいんじゃないっていう話〉には〈そうだよなと思う〉と語る。

成瀬医師も〈底つき〉が〈援助を排除して、本人につらい思いをさせて言う通りにさせることだとしたら、それは全然違って〉おり、〈支援者が本人を痛い目にあわせたり、援助しないで本人につらい思いをさせるのは間違い〉だと語る。そして、次のように続ける。

〈底つき理論だけポンッと入ったら、関わっちゃいけないんだ、苦しめなきゃとしか思わないですよ、初心者は。本当は支援がしたいからこの業界に入っている人が、関わっちゃいけないと思ったら何していいかわかんなくなっちゃうし、自信がないまま変に突き放すことになるでしょ。〉

ここまでの語りから、かつての支援の現場では、依存症者との共依存関係を回避し、底をつかせるために突き放すという支援が広く実践されていたことがわかる。もちろん、依存症支援の方法がわからないなかで、その時その時で、支援者たちなりによいと思えることを実践するしかない状況があったことは考慮される必要がある。

精神保健福祉士の高澤さんも〈共依存〉や〈底つき〉について勉強していたため、かつては依存症者には〈手を出しちゃいけないみたいに、こっちも構えているところ〉があった。

そんななか、生活困窮者の生活再建に携わる支援者たちと一緒に活動をするようになった時のことだ。そこでの支援者たちは、突き放さなくちゃいけない、助け過ぎてはいけないなどという躊躇《ちゅうちょ》は一切なく、生活に困窮している人やいろいろなことがうまくできない人には、〈ともかく関わって〉いた。高澤さんは、依存症を専門としない支援者たちとの関わり

160　ハームリダクション（harm reduction）とは、薬物やアルコールの使用によって引き起こされる健康・社会・経済上の悪影響を減少させることを主たる目的とする政策・プログラムのことである。この政策では、必ずしも薬物やアルコールの使用は禁止されず、使用に伴う害（harm）を減らすこと（reduction）が目的とされる。具体的には、注射室設置、断薬を条件としない就労プログラムなどがある。「重要なのは、薬物使用をやめられない人、あるいは、やめるつもりのない人が一定の割合で存在することを前提とし、薬物の使用量ではなく、個人および社会レベルにおける薬物使用による『ダメージ』の量に注目し、その低減を求めることである。」（松本 2019: p.917）

のなかで、〈たしかにそうだよね、いま困っているんだから、とりあえず必要なところは助けてから考えた方がいいよね〉というふうに、〈僕のなかの自分で自分を縛っている部分〉がとれていったという。

現在、高澤さんは家族支援をする際にも〈共依存〉や〈イネイブリング〉という言葉は使っていない。家族が本人の世話をする行動のすべてを〈共依存〉という言葉でとらえてしまうと、本人に必要な世話すらしないことが本人の回復にとってよいこととされてしまう場合があり、それは〈とても危険〉だからだ。実際に高澤さんは、〈共依存〉や〈イネイブリング〉という言葉にとらわれてしまって、依存問題を抱える本人とどういう関係を作っていけばよいかが、逆に、見えにくくなってしまった家族にも出会ってきた。言葉にとらわれず、その人を丁寧に理解しようとし、周囲の人がサポートする必要があることと、その人が自分でできることをしっかりと見極めていく必要があるという。

成瀬医師も、〈他の病気と同じように、普通の関わりをすればいいのに、依存症だけ底つきだの、共依存だのっていうから変なことになったと思うんですよ〉と語る。たとえば、患者とどうつき合っていくかは、〈経験しなきゃそんなことわからないのに、最初から関わらないで距離をとっていて何をするのって思いますよ。だから僕は共依存と底つき理論の表面的な理解と誤解が依存症治療をおかしくしている〉と思っている。〈あの考えはたしかに受けがいいし、他の病気と違う対応をするんだという感じでしょ〉。だが、〈[患者との]共依存が駄目って、だからといって関わらなかったらどういう支援なのって。遠くで心も通わせずに表面をなでていても、変わるわけないでしょって思いますね〉。

こうしたインタビューの最中に、成瀬医師は〈共依存〉をどのような状態としてとらえているのか質問をしたところ、〈一生懸命、余裕なく、相手を変えようと思うのが共依存〉だと明快に答えてくれた。

〈こっちの思うように相手を変えようとするのは、それは善意からであっても支配ってことです。相手を変えようってこっちが一生懸命になればなるほど、変えられないように抵抗するのは当然なので。それも、共依存っていうからには、信頼関係が壊れているわけですよ。信頼関係のない人に変えられようとしたら、当然抵抗するでしょ。力ずくで変えようとするのが共依存だとしたら、それは病んだ関係って言わざるをえない。〉

だが、成瀬医師はこのように語った上で、家族が必死になって患者を変えようとする、つまりは、家族がいわゆる〈共依存〉と呼ばれうる状態になっていたとしても、それは家族であればあたり前だという。だからこそ、成瀬医師は、家族の支援の際に共依存という言葉は使わないし、家族に対して〈あなたは共依存だ、変わらなきゃ駄目だとか言うのは、酒をやめろって言うことと同じで言っちゃいけない〉し、〈家族も孤立しているし傷ついてるから、それを共依存だ、病気だとかって責めちゃいけない〉という。そして、家族の支援について次のように語っている。

〈家族は責められないですよ。僕らがどこか冷めていて余裕を持ってできることでも、これが家族相手だとそりゃあ一生懸命になるし、何かあったらどうしようとか思うのは当然。だから、一生懸命になるのは責められないし、家族の労をねぎらうことが第一だし、家族に余裕を取り戻してもらうために家族に関わるべきだと思いますよ。患者の酒や薬物をやめさせる手段として家族を利用するというやり方には以前から違和感があります。家族を主役とした支援でなければいけないはずです。〉

成瀬医師は、本人も家族も、どちらも無理には変えようとしない。〈患者さんも偏見やバッシングで苦しんでいるけど、家族も誰にも相談できずに途方に暮れている〉状況があるという。依存症の本人と同様に、その家族もまた、時にとてつもない苦しみを抱えている。

本節でみてきたように、〈共依存〉や〈底つき〉という言葉は、正しく理解され適切に使われれば、依存症支援に役立つ。だが、これまでの支援の現場では、依存症者を家族や支援者から引き離す方向に使われ過ぎてきたことがわかる。この二つの言葉には、依存症者へのサポートのすべてを断ち切る方向へと、家族や支援者を向かわせてしまう作用があるのだ。

かつてよいとされていた支援への振り返りが語られていることから、依存症支援が新しい時代に移っていることは確かなようだ。

森野弁護士も〈ある意味あたり前のことなんですけれども〉と述べつつ、〈プログラムに人間を機械的にあてはめるのではなくて、その人に合ったプログラムや関わりをしていこう〉という方向に、現在の支援は移行してきていると語る。〈依存症の方といっても実際にはさまざまな方がいます。他の精神疾患など重複障害がある人、発達障害などの特性を持っている人、さまざまなセクシュアリティを有する人〉もいる。個人個人に合わせた対応をしていく必要がある。

決まったパターンの対処法で大勢の人々に対処する時代は終わりつつあり、ひとりひとりの違いを見極め、丁寧に支援していく時代に入っているのだろう。

5・3　支援者たちの回復観

本章の最後では支援者たちの〈回復観〉をみていきたいが、精神保健福祉士の高澤さんは〈私は「回復」という言葉の使用も控えている〉という。というのは、高澤さんには〈回復像がズレたまま支援が進むことへの不安〉があるからだ。

〈「回復」という言葉は、本人、家族、支援者、社会一般で意味がかなりズレやすい言葉ではないでしょうか。時には働くこと、「普通」を求めること、能力以上のことを強いるような暴力的な側面も持っているのではないかと思います。なので、「回復」の定義が曖昧なままで、本来の意味の浸透が不十分なままで、「どんな依存症も必ず回復する」といったようなワードが独り歩きするのは結構怖いことかなと思います。ということもあり、「回復」というある意味聞き心地のよい言葉の使用には慎重になっていて、特に家族とは

「目標」「目指すところ」を確認し、すりあわせながら進むようにしています。恐らく、家族支援を中心にやっているからこそ感じやすい怖れなのではないかと思います。〉

高澤さんがこう語るように、回復という言葉もまた、使われ方次第で本人や家族を苦しめるものとなる。これを踏まえた上で〈回復観〉をお聞きすると、高澤さんは〈目指すところは本当に個々人で違う〉としつつ、〈生活がうまくいっているかどうか。生活が充実しているかどうか。生活が楽しいかどうか。そこが一番のポイントですかね〉と答えてくれた。そして、〈「回復」という言葉は、恐らく本来は括弧書きで「その人らしい」が入るのだろうと思います。その人らしい生活をしていくことのようなイメージかと思います〉と話してくれた。

看護師の森さんが、〈百人いれば当然、百通りの回復の仕方はある〉と語るように、回復は多様であり、いろいろな観点から表現できる。たとえば、保健師のＬさんは〈生きていて楽だなとか楽しいって思えるのって、すごく、それが回復のゾーンなのかなって気はします〉と語る。成瀬医師は〈どうすれば幸せになれるかっていうことでしょ。幸せになるから回復していくんですよ〉と語っていた。続けて紹介したい。

【率直であること・穏やかであること・寛大であること（梅野充医師／精神科医／男性／五十代／2017.7）】

梅野医師には、もともと〈競争して一番にならなあかんの?〉といった考えがあった。社会のなかには人を蹴落とすような発想がないとできない種類の仕事もあるが、そうした世界とは距離をとりたいと考えてきた。〈そういう意味で、ダルクには浪漫を感じ、なんていうんでしょう、可能性を感じます。人間としての何か、みんなが忘れているような何かを思い出させてくれるところに魅力を感じているんでしょうね〉と語る。

そして、ダルクや十二ステップ・グループには、〈「一般の社会とは」価値観が違う世界があって、そこに行くとちょっと居心地がいい人たちが、実はたくさんいる〉とし、〈もうちょっと世の中の人に知ってもらいたい〉と思うという。

梅野医師は、依存症の当事者たちが形成している〈治療文化〉は、現代社会を生きる人の役に立つものだとも考えている。

〈銀行マンでバリバリやって業績がどうの、パワーがどうの、銭金《ゼニカネ》がどうのみたいな世界で生きてきて五十五歳になってふっと窓際族みたいになった時に、ポンポンって肩叩かれた時に、「俺の人生なんやったんやろうな」と思うわけじゃないですか。そういう時に気づく何かがあったり。その手前にもうちょっと、何か病気をされたりして。何かしらの生活の積み重ねみたいなものの結果ですよね、病気って。その時に、「あぁ、自分の積み残してきたものはなんだろう」って気づく。その時にアディクト（依存症者）たちの生み出している治療文化というものは、ものすごくその人に与えるものがあると思うんですよ。〉

こうした梅野医師は〈回復〉について、次のように語ってくれた。

〈率直であること、穏やかであること、寛大であること。これが回復。その三つのことに魅力を感じているから。……［ダルクや十二ステップ・グループは］そこに向けていくみたいな感じがあるから。それを上手にあんなふうに、たとえばステップの形に言語化して、いまみたいなスローガンの形で表現しているというのはやっぱりすごい。自助グループというのは、本当に、私は二十世紀の人類の発明として一番すごいことのひとつだと思います。〉

【薬物だけでダメになるほど人生は単純ではない（伊波真理雄医師／精神科医／男性／五十代／2017.8）】

伊波医師は〈薬物だけでダメになるほど、人生は単純じゃない〉と語る。〈薬物やったら人生おしまいとか廃人になるとか、ああいうキャンペーンが非常に、僕の治療観の逆〉だとし、次のように話してくれた。

〈薬物を使ったからといって人生がそんなに変わるかなと思ったら、そうじゃないってことに気づくことが大事だっていうか。薬物を使ってちょっと人と同じような人生を望めなくなったかもしれないけど、でも、その代わりに失わないで済んだものもたくさんあるし。自分でやり直そうと思った時に、たくさんの人が自分を応援してくれていることに気づけば、自分の努力だけで生きてきたと思っている人よりもよっぽど質のいい生き方ができる場合もあるので。……そんなにマイナスじゃないなって思えればいいのかなと思ってますけど。そういうことを冷静に話せるようになることが回復の一部にあるのかな。〉

このように、〈薬物の問題が自分の人生のひとつの問題として部分的なものとして評価されること〉を回復の一部とみなしている。

たとえば、伊波医師は、飲酒をコントロールできないことなどを〈病気〉とは言わずに〈マイノリティ要素〉と呼んでいる。〈探せばみなさんマイノリティ要素があるので。薬物をコントロールできないっていう自分の特徴は自分の一部であって、でも、健康的な他の部分もたくさんあって、それで十分人生を楽しんでいると〉。伊波医師は、〈マイノリティ要素〉という言葉を、一般的な人々とは違う傾向性のことを指す言葉として使っているが、こうした要素は私たち誰もが持っているものだ。

インタビューのなかで、私が、〈逆に、マイノリティ要素がない人っているのでしょうか〉と質問したところ、〈あまりいないと思いますけど。まぁ、このシステムのなかには、マジョリティっていうものがあるような感じがして、そのなかでマイノリティ要素が目立たない人はいますよね。程度の問題ですよ〉と答えてくれた。

〈マイノリティ要素〉を含めて、人それぞれ生活能力にも違いがあるが、現代社会では誰もが自立した労働者であることを求められがちだ。現代社会には、たとえば、子供や若者は学校に通い、成人は就労するか家事労働をしていれば正常と見なされるような価値観がある。

そして、こうした価値観は回復像にも大きな影響を与えている。
こうした点について、伊波医師は次のように述べていた。

〈働くことに向いてない人が無理して働こうとしていたりとか。要するに、適切でないプランを立ててしまって治らないという状況を作っているんだけど、この人は働けない人だって診断がちゃんとついてれば、じゃあもうすでに働かなくなった時点で治ったってことですよね。治ったっていうか、こっちの方が正しい状態だという。〉

その人の能力や生育歴を調べて、その人が自分に合う暮らしを送れるように調整していくことが必要なのであり、元の職場に戻ることや現代社会に適応した生活をすることが〈回復〉なのではない。働く能力が低い人の回復のゴールが週五日間の就労であれば、その人は実現できない目的に向かって無理をし続けることになり、無理のある暮らしの先には酒や薬物が待ち受けている。支援が必要な場合は、必要な支援を受けながら自分に無理のない範囲で暮らしていけばよい。

伊波医師の語りからは、どのような状態を〈回復〉とみなすかには、現代社会の価値観が多分に反映されていることがわかる。〈回復〉のプロセスでは、現代社会であたり前とされている前提が問い直される場合が多々あるのだ。

【地域で本人が望む生活を（Ｊ医師／精神科医／女性／五十代／2018.9）】

Ｊ医師は、自分が関わってきた依存症者たちについて、〈薬をやるやらないっていうことにかかわらず、大変そうだなっていうのはすごく思うんですね。広い道路があるとして、その真ん中を歩いていけばいいのに、ちょっと脇にあるでこぼこした壁にぶつかりながら歩いて、みんながっくり疲れてしまって、そこで薬を使ってしまうような感じ〉だと語る。〈だから生き方についての話なんかをちゃんとできるようになって欲しい〉という思いがある。〈自分の苦しさとかつらさを薬で解決するんじゃなくって、他の人と話したり、考えたりすることで解決していけるようになって欲しいなというふうに思います〉。

こう語るＪ医師は、近年の精神科医療について、〈精神科の治療って、これまで、症状を消すとか問題行動を消すとかそういうところに汲々《きゅうきゅう》としてきたと思うんですけど、そこが目的じゃなくて、やっぱり本人の望む生活をいかに叶えていくかって方に、依存症にしても、統合失調症にしても、みんなそういうふうに変わっているんじゃないかな〉と話してくれた。

こうした流れになってきてからは、〈もぐら叩きみたいに問題行動とか症状を叩き、消す方に邁進《まいしん》しなくて済むので〉、治療者の側も楽になっているという。

現在の臨床では、〈本人の望み〉が大事にされるようになってきており、〈地域で本人の望む生活を目指していこう〉、〈じゃあそのために何をしようかっていうふうな支え方にすごく変わってきている〉ということだ。

【自分の取扱説明書を知る（Kさん／米国認定臨床心理士／女性／四十代／2018.5）】

カウンセラーのKさんは、回復について、〈自分はこれに対して本当にコントロールできないんだと認められるということは、半分くらいクリアしてるのでは〉と話してくれた。また、〈自分の取扱説明書をちゃんと自分でわかってもらうということですね。私としては、こういうことがわかってきたら、それは回復の道を素晴らしく歩いている〉と思っているという。

そのためには、クライアントとは〈あなたがほっとできる、またはあなたがちょっと気分転換になりそうな、スイッチになりそうなものってなんだろうねってことを、細かく徹底して考えてもらえるように〉話していく。現実的ではない状態を回復と考えて、そうなれない自分を責めてしまう人もいるが、そういう場合は、クライアントに〈それって現実的かな〉と問いかけ、〈達成可能なゴール設定〉を一緒に考えていく。

こうして、〈薬物やアルコールを使わなくても案外ストレスに対処できたとか、案外楽しく過ごせるようになってきた時がいい方向にいってる。絶対使わないぞっていうネガティブなところからくる「使わない」と、使わなくても楽しく過ごせることがわかってきた時の「使わない」とでは全然違います〉ということだった。

【自分が納得できる生き方（森野嘉郎氏／弁護士／男性／五十代／2018.1）】

森野弁護士は回復観について、〈暫定的な答えもなかなか出しにくいんですけれども、極論すると回復は無限に続く過程なんだろうなと思います〉と答えつつ、〈主体的に自分で人生を生きていける状態を「回復している」ということだとすると、依存の対象に支配されている状態を脱するだけでなく、自分のあり方が周囲の状況だけに規定されたり、他人やいろいろな出来事に振り回されずに、自分が納得できる生き方ができているかどうかが重要で、そういう生き方ができている割合が増えれば増えるほど、その人は回復しているといえるのかな〉と注意深く話す。

また、施設や医療のなかだけで回復を考えるのではなく、社会のなかでも考える必要があるともいう。森野弁護士の専門である司法の分野でも、人間の行動をコントロールする時には〈法律で強制的なルールを定めてそれを守らせるだけじゃなく、いろんなやり方があるはず〉だとし、次のように語ってくれた。

〈工夫して制度を設計すれば、強制ではなく、多くの人が自発的に治療に向かう状況だって実現できなくはないと思います。自由か規制かの二者択一ではなくて、知恵を絞って工夫していくことはできるはずです。そのためには、もっと依存症者や彼らの回復の実情が、社会全体で理解されないといけないなと思います。依存症をどのように解決していくかについてはいろいろな考えがあり得るでしょうし、我々のような支援者が考えているような考えを受け入れたくない人もいるかもしれません。ただ、反対するか賛成するかといったこと以前に、解決すべき事態があるのに、丁寧に考え、対応することを放棄して易きに流れるというのが、一番まずいと思います。〉

司法の分野でも、罪を犯した人を単に矯正施設に収容するだけでなく、生活保護をはじめとする社会福祉の分野の援助を整えた上で、社会内での更生を支えるといった対応がされつつある。そしてここでもやはり、〈単に犯罪を犯した人に制度を紹介して、そこにつなげればいいというだけではなく、個々の人の回復や更生の過程にどこまできちんと関わっていくかが問われている〉という。

森野弁護士は、〈依存症者との関わりは、単に依存症の問題を解決したり、それに対する理解を深めるだけでなく、広く精神的・心理的なハンディキャップを抱えた方々への対応、さらには社会的・経済的なハンディキャップを負っている方々をどう支えていくかという問題にも応用できることだと思います。いろいろな問題やそれに対する対応はすべてつながっている気がするんです〉と語っていた。

以上、本節では、支援者たちの回復観をみてきた。

回復とは、いわば、それぞれの人が自分に合った暮らしを見つけ、それぞれの人が自分にとって居心地のいい社会関係を持つことであり、そのためには、個々人の多様な生き方を許容する社会制度の設計が求められている。

私たちが依存症になることなく、また、依存問題を抱えてしまったとしても回復しやすい社会とは、誰もが生きやすい社会でもある。

第6章　分裂生成に満ちたこの社会で
——ベイトソンが示した希望

大いなる全体の一部をつくりながら生きることの喜びと、そこに発する心の広がり——。

（ベイトソン 1972=2000: p.612）

本書では、依存症のコミュニティの周辺で生じている連鎖、依存症の本人だけでなく支援者も地域も変化していくポジティブな連鎖をみてきた。回復のコミュニティは決して楽園ではないが、それでも、この社会で生み出され続ける依存問題を引き受ける循環システムとして機能している。回復のコミュニティで新しい生き方をはじめた人たちが、今度は別の場所で新しいコミュニティを展開していく世界的な連鎖がそこにはあった。

本章では、これまでの各章を振り返りつつ、いくつかの考察を加えたい。

6・1 「共通の経験」によるつながり

本書で繰り返し確認してきたことのひとつは、人々がともに生きていく、その共生のあり方のひとつの可能性だった。

これまで人類は、小さなスケールから国家などの大きなスケールまでさまざまな共同体を形成してきた。人と人とをつなげ共同体を維持するには、一定数の人々を動かす何かが必須となる。その何かが、権力であり、金であり、カリスマ的人物であり、宗教的教義であり、人種や血縁、地縁などであることは歴史が教えてくれる。そして、すべてのコミュニティには必ずリーダーがいて、彼らはポジティブに表現されれば指導者となり、ネガティブに表現されれば支配者となる。これらが私たちのよく知る共同体、あるいはそのイメージだろう。だが、十二ステップ・グループで人々をつないでいるのは権力でもなく、金でもなく、宗教的教義でもなく、特定のカリスマでもなかった。支配者も指導者もいない。十二ステップ・グループは、緩やかでありながらも確かなネットワークを世界的な規模で展開している。国籍も性別も職業も政治的信条も宗教的背景（無神論者も含めて）も異なる人々が緩やかにつながっている。これは驚くべき事態だ。

ビルは次のように述べる。

> 同じ苦しみを味わったということは、私たちを結び合わせる強力な接着剤の一つではあるが、それだけでは、いまの私たちのようには決してなれなかっただろう。
> 私たち一人一人にとっての偉大な事実は、私たちが共通の解決方法を見つけたということにある。[161]

人として生きていれば、特に依存者として生きていれば、同じような苦しみを経験している。その上、複数の人が集まれば、新しく来たメンバーもそこで自分と似た経験の持ち主を見つけることができる。だから、多様な経験を持つ世界中の依存者がつながれる。

恐れ、憎しみ、自惚れ、利己心、欲得、恨み、無気力、自己陶酔、自己憐憫など、AAで性格上の欠点と呼ばれるものを「弱さ」と呼ぶとして、私たちは誰しも「弱さ」を抱えた存在である。十二ステップ・グループではこの「弱さ」こそが、世界中の人をつなぐ連結環《れんけつかん》として機能している。

メンバー同士のこうしたつながりを力強く支え、メンバーの「弱さ」を「善《よ》きもの」の方へと導く役割を果たしているのがビッグブックなどの書籍だが、これらの書物も教義ではない。ビッグブックには、ビルを含めた仲間たちの「苦しんだ経験」と「回復の経験」が記されている。

そこで私たちは、自分たちがこの問題を体験したままに書きつづった無名の本を発刊することにした。体験と知識の全部を集めるつもりである。飲酒の問題にかかわる人たちの、みんなに役立つプログラムを提案できるものと思う。[162]

十二ステップ・グループは、人は弱さを通じて他者とつながり、助け合いながら善き方向に向けて生きていけることを示す、壮大なスケールでの実践である。

6・2　関係性への着目

「自己」の輪郭を再考する

ベイトソンは、「われわれと環境とを対立させて捉える思考」「われわれと他の人間とを対立させて捉える思考」「個人（あるいは個々の企業や国家が）が重要であるとする心」「環境を一方的に制御することが可能であり、またそれを目指すべきだとする思い[163]」などは私たち

161　Alcoholics Anonymous World Services（[1939] 2001=[1979] 2002: p.26-27）
162　Alcoholics Anonymous World Services（[1939] 2001=[1979] 2002: p.29）
163　Bateson（1972=2000: p.650）

の文明に支配的な観念であるとし、これらを誤り《エラー》とした。こうした観念を総合したものが「魂の司令官」だった。身体、他者、環境を制御できると思い込んでいる〝自己〟である。依存問題はこうした自己の派生物ひとつだ。そして、こうした自己のあり方は、現代社会の人間関係も規定している。

ベイトソンの影響を受けつつ、現代社会の自己を考察する社会心理学者のケネス・ガーゲンは、私たちがあたり前のように生きている自己を「境界によって区切られた個別的な自己（境界画定的自己）[164]」と呼んでいる。

ガーゲンは境界画定的自己によって「他者は私の目的を達成するための道具でしかない。……他者は、私の幸福という目的の単なる手段なのである[165]」という態度が至るところに生まれていることを危惧し、この伝統が「根源的な分断と孤立の感覚をもたらし、関係を犠牲にしてナルシシズムを助長し、人間性に対する果てしない脅威を生み出し、個人を商品化する[166]」と述べる。

他方で、回復コミュニティでは、依存者は自己よりも大きな力につながり、全体の福利が優先される共同体で仲間とともにあることで、自己の輪郭を少しずつ消失させていた。エゴは縮小し、痛みや恐れ、怒りや欲望に突き動かされる意識的な自己の働く範囲は狭められていた。同じ「弱さ」を抱えている者同士、他者を裁く気持ちは後退し、自分を際立たせたいとは思わなくなる。何かを無理に制御しようとする欲求そのものが小さくなり、変えられないものは受け入れ、変えられるものは変えていけるよう、今日一日を精一杯生きていく。これはひとつの理想だとしても、理想に向けた努力のなかで喜びが生まれる。

依存症の回復コミュニティの考察には、このように、自己のあり方への問い直しが含まれていた。

個人モデル・関係モデル・社会モデル

これまで臨床領域では、何らかの不適応を起こしている個人を適応的な方向へと変えることが目的とされがちだった。関係性に着目する場合も、関係性を用いて個人をどう変えるか、ということが論点になりがちで、結局のところ主眼は「個人を変える」ことにあった。

164　Gergen（2009=2020: p.25）
165　Gergen（2009=2020: p.43）
166　Gergen（2009=2020: p.49）

社会学者の野口は、対話を続けること自体を目的とするオープン・ダイアローグの実践に着目しつつ、「関係性は個人を変える手段としても考えられるが、それ自体獲得すべき目標としても考えられる。ここで大切なのは、関係性を手段としてではなく目標として考えるとき、個人主義的傾向から脱することができる点である。目指すべきは個人の変化ではなく関係性の変化ということになるからである」[167]と述べる。「この場合、個人が変わるかどうかは目標ではない。個人が生きられる場としてのネットワークがそこに成立することが目標となる」[168]。

本書第5章でも、支援者たちから、相手を変えようとするのではなく、信頼関係を形成するなかで相手が変わったり変わらなかったりする「変えようとしない支援」の実践が語られていた。

このように、精神医療や心理療法の領域では、関係を変えること、個人が豊かな関係性を持つことの意義が重視されてきている。これは臨床領域で生じている比較的新しい動向だ。個人を変えようとはせずに丁寧に関わりながら対話を続けるスタンスは、治療の場面だけでなく、家庭、学校、職場など生活のすべての領域でも有効なはずだし、今後、展開されていくことだろう。

そこで「関係性」への着目を踏まえつつ、病いや障害を含む広義の「生きづらさ」を考える際の三つの視座を確認しておきたい。個人モデル、関係モデル、社会モデルの三つだ。

「個人モデル」では、個人が環境への適応力を高めて生きづらさを乗り越えることが目指される。カウンセリングなどの心理療法は個人モデルで回復を目指す方法といえる。これまで多くの治療論が、「個人を変える」ことを中心に展開されてきた。

次に、「関係モデル」では、周囲の人々との関係性に変化を起こすことが目指される。本書でみてきたダルクや十二ステップ・グループなどコミュニティのなかでの回復はここに含まれる。関係性が変わることで個人は変わっていくが、周囲の環境が整うことで、個人が変わらなくてもその人の生きづらさが解消するケースもある。

そして、「社会モデル」では、個人や関係性を変えるのではなく、社会を変えることが目指される。社会制度や法律の変更、あるいは社会全体の価値観の変容などによって、特定の

167　野口（2018: p.226）
168　野口（2018: p.236）

人々の生きづらさが解消される場合がある。一部の社会学者は、個人ではなく社会の変更を強く求める場合があるが、[169]そうしたスタンスはここに含まれる。

依存症に限らず回復の現場では、個人の変容、関係性の変容、社会の変容が重層的に生じておりどれも等しく重要な視点だが、多くの場合、生活のなかで問題が起きた時、私たちは「自分を変える」か「誰かを変える」といった働きかけをしてしまいがちだ。つまりは、現代社会では、いまなお、個人モデルの力が比較的強いといえる。

こうしたなか、本書の考察で際立っていたのは関係性であった。本人をとり巻く関係性が変わることで何かが動いていく。周囲との関係が変われば個人も変わり、新しい関係が新しい社会を作っていく。そんなふうに、関係性の変容は個人の変容や社会の変容の起点にもなっていた。関係とはコミュニケーションのことでもあり、したがってコミュニケーションのあり方は私たちの幸せに相当大きく影響してくることになる。

6・3 「コミュニケーション」と「脳」の時代

生きる力を与えるコミュニケーション

コミュニケーションを、他者との関係だけでなく、自分自身や自分の身体との関わり、「自分を超えた大きな力」との関わり、コミュニティでの活動、動植物や自然とのふれあいなどを含めて広くとらえたとして、そこには「生きる力を奪われるコミュニケーション」と「生きる力を与えるコミュニケーション」[170]があるだろう。

「生きる力を奪われる」関係性のなかにいれば、私たちは恐れや不安、怒りを感じて病んで

169　個人モデルに基づく回復支援は、特定の個人の「生きづらさ」を生んでいる現代の社会環境の温存につながるとして、個人モデルに批判的なスタンスの社会学研究もある。だが、個人モデルと社会モデルは決して対立するものではない。人々にとって生きやすい社会環境の構築と、いま苦しみを抱える人々への対処は、どちらか一方でよいというわけにはいかない。主体と構造、個人と社会の矛盾は社会科学の歴史のなかでも絶えず立ち現れてきた。具体的な現象に即した丁寧な議論が必要である。

170　「生きる力を与えるコミュニケーション」（Gergen 2004=2018: p.191）は社会心理学者ガーゲンが使っている表現である。

いく。「自分は駄目だ」と常に自分を裁いていることもまた、「生きる力を奪われるコミュニケーション」に含まれるだろう。

他方で、「生きる力を与える」関係性のなかにいれば、私たちは安心し生き生きする。生きる力を奪われた人々が、いかに生きる力を奪われたかを同じ経験をした仲間に語ることで、互いに生きる力が与えられることもあるし、誰かが何も言わずにそばにいてくれるだけで気持ちが落ち着くこともある。生きる力を与えるコミュニケーションの圏内では、ネガティブな経験もポジティブなものへと変換されていく。日々、痛み、恐れ、怒り、欲望が去来するなかで、私たちが幸せに安心して暮らしていくために、こうしたコミュニケーションの展開は非常に重要な意味を持つ。

生活のなかで「生きる力を与えるコミュニケーション」の場を拡大していくことは、身近なことからすぐにはじめられる実践でもある。同時に、このようなコミュニケーションの解明は、人文社会系の学問にとっても重要な課題だと私は考えている。人々の苦しみの多くはコミュニケーション領域で発生しているが、現在、私たちは人とうまく関われず、時には互いに傷つけ合い、対立を生むようなコミュニケーションしか展開できていないのかもしれない。

どちらにしても、人と人との関係性をどうするかは、その前提となっている自己のあり方を含めて、おそらく私たちが思っている以上に、現実的にも学問的にもまだまだ未開拓領域なのだ。そうした現代で、弱さや痛みでつながり合う十二ステップ・グループから私たちが学べることは多い。

回復コミュニティや支援の中心には関係性——コミュニケーションがあったが、その一方で現在、依存症をめぐって静かに進行している領域がある。それが脳への着目だ。ここまでの話の流れからは少し脇にそれるが、依存症を含めた広義の病理に関する現代の動向のひとつとして、ここに記録しておきたい。

脳への着目とＴＭＳ治療の動向

依存症に関しては脳の研究も進められている。[171]そうした研究と並行して、新たに台頭してきている治療法がＴＭＳ（Transcranial Magnetic Stimulation：経頭蓋磁気刺激法[172]）だ。

171　たとえば、Brewer（2017=2018）では、マインドフルネス瞑想が「自己関連づけ思考（自己へのとらわれ）」の改善に効果があること、そしてこれが依存症の治療に有効であることが述べられている。

172　rTMS（repetitive Transcranial Magnetic Stimulation）、反復経頭蓋磁気刺激法とも言われる。

ＴＭＳとは、頭の外側から磁気による刺激を与えて脳機能を整える治療法で、うつ病をはじめさまざまな精神疾患の治療法として用いられるようになってきている。患者はリラックスチェアに座り、頭部の決まった場所に専用の装置で磁気の刺激をあてる。時間や回数は、治療の方針にもよるが、たとえば、一回の施術は十五分前後とし、三十回程度をワンクールとするケースがある。現在の日本では、三十回程度、できるだけ連続して（週に五日など）磁気をあてていくクリニックと、週一回や二週に一回の頻度で磁気をあてていくクリニックとが併存している。

日本では２０１７年に厚生労働省が医療機器として承認しているが、ＴＭＳを受けられる医療機関はまだ少なく、限られた一部を除いて保険適用外のため治療費は高額である。社会的にも広く認知されているとはいえないが、２０２１年現在、インターネットで検索すればＴＭＳを受けられるクリニックをみつけることはできる。世界ではＴＭＳは依存症の治療として注目されてきており[173]、日本でも依存症研究の領域で既に言及されている[174]。

ＴＭＳ治療は、今後の依存症治療をはじめ、広く精神科治療に無視できないほどの大きな影響を与える可能性があるため、ここで追記した。

「変えられないこと」や「できないこと」は本人も周囲も受け入れ、「変えられること」や

「できること」については精一杯取り組む。本書では、回復をめぐって、そんなスタンスが繰り返し立ち現れてきた。

　TMS治療は、コミュニケーションで変えることができない脳の特性などを科学技術の力で変えていく試みといえる。これは「変えられないもの」を変えようとしている無茶なのか、「変えられるもの」を変えていく勇気なのか。この先、一定の時間のなかで検証されていくことになるだろう。

　依存症への医学・生理学的な研究やそうした研究に基づく治療は開発途上にあり、当面、「コミュニケーション」と「脳」の時代は続きそうである。

173　「NATIONAL GEOGRAPHIC 日本版 2017年9月号 依存症 脳科学が探る治療法」（p.36-56）
174　高橋（2019: p.106）など。

6・4　希望のステップを踏み続ける

ベイトソンの希望

分裂生成に満ちた現代社会はそうは変わらない。おそらく当分続く。そして、この社会のなかで私たちは常に、痛みを抱え、恐れを抱き、怒りに駆られ、欲望に支配されている存在でもある。

そこで本書の最後に、ベイトソンが、分裂生成的な社会を生きる私たちに提示したひとつの希望を紹介したい。

ベイトソンは、バリ島の子供たちは「生きるということを、充足感を終点とするシークェンス［連続］からではなく、それ自体内在的に充足をもたらすシークェンスからなっているということを習得するように仕向けられる」[175]とし、バリ島の生を次のようにまとめた。

彼らは世界を危険な場として認識し、お定まりの儀礼と礼儀習慣のなかを反復的にめぐり続けることで、つねに存在する「陥落」——ステップの踏み違え——の危険を逃れようとしているのだ。彼らの生は、「おそれ」の上に組み上げられている。もっとも、ふつうはその恐怖を楽しんでいるかのように、彼らはふるまう。即自的で非目標的な価値が、恐怖を楽しむこととどこか通底するところがあるのだろう。ここにあるのは、自分たちの芸の腕前を頼みにスリルを生きる、アクロバット的な生である。[176]

ベイトソンは、目的を達成することではなく行為それ自体のうちに価値を見出すという点ではバリ島型の生き方をよしとする。だが、恐怖や不安を行動のベースにすることはよしとしない。そこで、恐怖ではなく希望を行動のベースとすることを提案している。

バリの人たちが、形なく名状しがたい、時間のなかにも空間のなかにも位置づけられない「おそれ」によって、忙しさと幸せとを保っているのであれば、われわれとしても、多

175　Bateson（1972=2000: p.252）
176　Bateson（1972=2000: p.253）

大の成果を期待して、形なく名状しがたい「希望」を抱きつづけるという行きかたがありうると思う。その成果が何かということは、曖昧なままでいい。それが何かは分からないまま、いつも成果が間近い事を確信していること。実際に間近いかどうか、そもそも検証できないことなのだから。喩えていえば、世紀の大発見や、いまだかつて書かれたことのない完璧なソネットが、いまにも自分を訪れるかのような気持ちにひたって仕事に打ち込む科学者や芸術家のように生きる、ということである。あるいは、わが子が将来、偉大さと幸福を兼ねそなえた、限りなく不可能に近い人生を歩むことを、本心願って手を尽くす母親のように生きる、ということである。[177]

これはいわば、何か善きことに関わっているのだという確信のもとに目の前のことに集中し、その瞬間瞬間を生き切るスタンスだ。何かをわくわくとした気持ちで待つ嬉しい感じは、私たちも日常のなかで経験している。ベイトソンは多くを語ってはいないが、ここにはベイトソンが考えていた新しい生き方が凝縮されている。

過去と未来。自己と他者。外の世界からもたらされる混乱と内的に突き上げてくる痛み。それらの狭間で私たちは右往左往している。でも、ギュッと体を固く縮め、眉間にシワを寄せて何かと闘う必要などない。開かれた心と前向きな意欲を持ち、希望のステップに身をまかせればいいのだ。

いまを生きる

ダルクでも十二ステップ・グループでも「今日だけ（Just for Today）」という言葉はよく使われる。明日になったら使おうと今日だけ一日乗り切り、次の日もまた明日になったら使おうと今日一日を乗り切って回復した人もいる。だが、「今日だけ」という言葉は、今日だけ薬物を使わないといった限定的な意味で用いられているのではない。

NAの文献では次のように述べられている。

目の前にあるこの時間を生きていると、自由がもたらされる。この瞬間、私たちは安心して過ごしているではないか。いま、使っていない。私たちに必要なものは何でもある。あ

177　Bateson（1972=2000: p.254）

ちこちで人生は進んでいる。過去は過ぎ去り、将来はまだこない。どんなに心を砕いても、その事実は変えられない。今日、私たちは、まさにこの瞬間の回復を楽しむことができるのだ。[178]

ベイトソンの「希望のステップを踏む」生き方は、十二ステップ・グループの「今日だけ」の生き方に通じていた。

最後に、第1章でみてきた回復の四つの方向性を、もう一度確認しておきたい。

・抱えている苦しさが大きくなれば、依存症に近づく。
・孤立しているか、不適切な関係性（コミュニケーション）のなかにいれば、依存症に近づく。
・変えられないものを変えようとすれば、依存症に近づく。
・変えられるものをそのままにしておけば、依存症に近づく。

これを逆にすれば、私たちは回復の方向に向かうことができる。

・抱えている苦しさを減らすことは、回復に通じる。
・適切な関係性（コミュニケーション）のなかにいることは、回復に通じる。
・変えられないものを見極めて、それを変えようとする気持ちや行動を手放すことは、回復に通じる。
・変えられるものを見極めて、それを適切に変えようとする実践は、回復に通じる。

体や心の声に耳を澄ませば、私たちは何が自分を幸せにし、本当は何がいらないのかがわかるようになるかもしれない。だがそれは人生を通じた課題でもあるのだろう。だから、十二ステップ・グループでは、回復に終わりはなく、みな、一生〝回復途上〟にあるとされるのかもしれない。

内なる精神の領域も、外に広がる世界も、いまなお神秘に包まれており、私たちが本当の

178 Narcotics Anonymous World Services（2008: p.283）

意味で理解できている事象など海の水に対してきっと雨粒ひとつもないのだろう。どちらにしても、少なくとも私にはわからないことばかりだ。

回復という生きた営みを「わかった」などと思うことこそが「魂の司令官」の思い上がりに過ぎないことを、本書を通じて理解してきた。だから、よくわからない現象や人間行動に対しては、私はその現象やそれを実際に生きた人々への敬意を込めて、わからないままにしておきたい。

あとがき　〝弱さ〟から〝善さ〟へと向かう意欲

私がベイトソンをはじめて読んだのは、二十代半ばの大学院生の頃でした。社会学者の野口裕二先生が『アルコホリズムの社会学』（１９９６）で、ベイトソンのＡＡ研究を紹介されていたからです。

こうしてベイトソンを読み進めていくと、依存症に関する論文以上に私の心が惹きつけられていったのは〝バリ論文〟でした。バリ論文には、自分がよく知る世界とはまったく異なる世界が描かれていて私は衝撃を受けるとともに、そこに描かれている世界と、ベイトソンがそこから導いてくる希望に強く惹き込まれました。

思い返せば、「もっと、もっと」と分裂生成的に続いていくかにみえる人生に、私は息切れしそうになっていたのかもしれません。「そうなんだ。今日一日の希望のステップを踏み続ければいいんだ」。そう思うと、なんだか随分と、気持ちが楽になったものです。

それ以来、その時々で進めている研究とは関係なく、もう二十年近くベイトソンの著作を繰り返し読み続けてきました。いつどのページを開いても、そこにはハッとする気づきがあり、頭のなかに新鮮な空気が流れ込み、日常に埋没していた思考が生き返るような感覚を得られたからです。

他方で、ダルクとの出会いはまったくの偶然でした。私は研究仲間にたまたま誘われて何もわからないままダルクのフィールドワークに参加することになりました。ですが、ダルクに数回通った頃には、ここは自分が生きてきた場所とは何かが違う、しかも決定的に違う、ということをはっきりと感じました。それでも長い時間、ダルクで感じることを言葉にできず説明もできませんでした。

こんなふうに私のなかでは別々のものとして存在していたベイトソンのバリ論文とダルクが、頭のなかでピタリとつながったのは２０１３年の初夏のある日のことです。

「あぁ、ダルクは、ひとつの変数の最大化を抑制する共同体なんだ。ダルクの今日一日はベイトソンの希望のステップなんだ」と、私はその日、深く納得しました。

そして、ダルクや十二ステップ・グループは、人類の新たな共生のあり方を示す未曽有《みぞう》のコミュニティであることを確信し、文字通り驚愕しました。ベイトソンがＡＡを論じた論文を超えたところで、ＡＡの本質を見事にとらえていたことも、この時、理解しました。

とはいえ、本書で述べてきたことは、ダルクや十二ステップ・グループの数あるとらえ方のひとつに過ぎません。何事であれ、多様な見方、多様な解釈に開かれていることが望ましいと私は考えます。

本書では、ある特定の見方を不完全ながら提示してきたに過ぎませんが、私が試みたかったことは、十二ステップ・グループを、依存症の回復コミュニティを超えた、人と人とのつながり方のひとつの可能性として提示することでした。また、依存症とそこからの回復を単なる病理現象としてではなく、より普遍的なものとして描き出すことでした。

そうした普遍的なるものを言葉で表現するのはなかなか難しいのですが、ここでは、それを「弱さから善《よ》さへと向かう意欲の物語《ナラティヴ》」と呼びたいと思います。

私たちは誰もがみな自分でも目を背けたくなるような「弱さ」を抱え、失敗と過ちを繰り返し続ける存在です。同時に、私たちはそうした弱さをいくらかでもましなものにしたいという思い、つまり、弱さ（Weakness）から善《よ》きもの（Goodness）へと向かおうとする意欲（Willingness）を持つ存在でもあるわけです。

これまでも、弱さから出発し善きものへと向かおうとしたたくさんの実践があり、そうした動きを描いたたくさんの物語《ナラティヴ》があります。善きものへと向かおうとする意欲が、逆に、悪を生んでしまう現実やストーリーも、もちろんそこには含まれます。

そして、この意欲にこそ、救いも希望も、悲しみも絶望も、そうした何もかもが含まれていて、だから、弱さから善きものへの移動に、私たちは生涯を通じて強く惹かれ続けるのではないでしょうか。しかも、弱さとの付き合いは生涯を通じた課題となります。だからこそ、こうした物語《ナラティヴ》はどのような時代にも、どのような地域にも、人が生きている以上、常に存在し続けているのだと思います。

ダルクやAAで行われている遷移《せんい》の形、つまりは弱さから善さへの意欲をめぐる彼ら固有の物語《ナラティヴ》を、ベイトソンを導きとして提示しようとしたのが本書でした。

そうした意味で本書は、歴史的に生きられ、語り継がれ、今後も形を変えながら人々に語り継がれる〝弱さ〟から〝善きもの〟へと向かおうとする物語《ナラティヴ》の系譜に連なるもの、そうした大きな流れの一部に位置づけられるものと考えます。

*

本書では、〈連帯〉とか〈共同体〉という言葉を使ってきたものの、こうした言葉に拒否感をもつ方もいるかと思われます。いま属している共同体から逃れてどこまでも遠くに行きたい。そんな思いを抱えながらいまを過ごしている方はたくさんいるはずです。筆者の私自身が、かつて、自分が属していた集団や共同体のすべてから、ともかく逃げ出したいと願っていた若者だったからです。

ですので、この点については、私なりの個人的な折り合いのつけ方も書かせていただいた方がよいと考えました。

今回、本書を執筆するなかで私が気づいたのは、他者とのつながり方は、直接的な、物理的な、身体性を伴う関わりだけではないということでした。たとえば、本を読んだり音楽を聴いたりすることも他者とのつながり方のひとつであり、そうした場所では、日常の意識よりも一段深いところで結ばれる関係性が日々生まれています。私は十二ステップ・グループでの人々のつながりには、この一段深いところでの結びつきに近いものを感じてきました。人としての内的共通性によるつながり、とでもいうのでしょうか。

現代には、さまざまな形での孤立があります。無数の人とコミュニケーションを繰り広げながらの孤立もあります。依存症もまた、苦しみを自分ひとりきりで処理しようとする点では孤立の一形態といえます。

実際、今の自己のあり方や社会環境は人々を分断する力が強く、他者とつながることは誰にとっても難しいものなのだと思います。

とはいえ少なくとも私は、日常の意識より一段深いところに他者に通じる内なる回路があることを、本書を書きながら理解してきました。それは、自分の奥深い場所に他者と同じものがあることへの気づきであり、見知らぬ遠い他者のなかに自分と同じ思いが存在することへの気づきでした。つまり、本書で用いてきた〈連帯〉などの表現には、こうした意味合いでの他者とのつながりも含む、ということになります。

＊

最後に、タイトルの「資本主義」の部分に着目して本書を手にとって下さった方々に。

本書ではタイトルに資本主義などという言葉を仰々しく掲げながらも、その内容についてはわずかの紙幅しか割けませんでした。ただし、わずかしか言及できなかったにせよ、運動体としての資本という視点を抜きに現代社会について――特に分裂生成する社会について論じれば、やはりそれは不十分と言わざるを得ません。逆に言えば、資本主義という現行の社会体制は本書を通底するテーマでもあり、本書のどこかを切り取ればそこに資本主義社会の影響が見出せるはずです。この分野は、宇野弘蔵の著作を中心に長らく勉強を続けてきていますので、今後、ご紹介できる機会をいただければと思います。

お話を聞かせて下さったダルクのスタッフや入寮者の方、十二ステップ・グループのメンバーの方、支援者のみなさま、ありがとうございました。第3章はダルクでご確認いただきました。第4章を中心に、ＡＡの文献の引用箇所はＡＡ日本ゼネラルサービスオフィスでご確認いただきました。また、ＮＡの文献の引用箇所はＮＡジャパン（広報）でご確認いただきました。第5章は十名の支援者の方にご確認いただきました。

そして、長い時間見守って下さっていた編集者の三宅貴久さん、ありがとうございました。

＊本研究はJSPS科研費JP17K04158, JP25780329, JP17K04154, JP25380698, JP 22530566の助成を受けたものです。
＊本書第3章は、『社会学評論』の論文（中村英代、2016「『ひとつの変数の最大化』を抑制する共同体としてのダルク——薬物依存からの回復支援施設の社会学的考察」『社会学評論』66(4): p.498-515）に加筆修正したものです。

２０２２年３月　桜上水にて

中村　英代

NA World Services.
———, 2008,『今日だけ』NA World Services.
———, 2011,『なぜ どのように 効果があるのか――ナルコティクス アノニマスの 12 のステップと 12 の伝統』NA World Services.
信田さよ子, 2000,『依存症』文藝春秋.
野口裕二, 1996,『アルコホリズムの社会学――アディクションと近代』日本評論社.
———, 2002,『物語としてのケア――ナラティヴ・アプローチの世界へ』医学書院.
———, 2018『ナラティヴと共同性――自助グループ・当事者研究・オープンダイアローグ』青土社.
野村直樹, 2008,『やさしいベイトソン――コミュニケーション理論を学ぼう!』金剛出版.
Peele, S. & Bufe, C., 2000, *Resisting 12-Step Coercion: How to Fight Forced Participation in AA, NA, or 12-Step Treatment*, See Sharp Press.
相良翔, 2019,『薬物依存からの「回復」――ダルクにおけるフィールドワークを通じた社会学的研究』ちとせプレス.
斎藤学, 1985,『アルコール依存症の精神病理』金剛出版.
———, 1995『魂の家族を求めて――私のセルフヘルプ・グループ論』日本評論社.
髙橋英彦, 2019,「依存症の脳画像解析」宮田久嗣ほか編『アディクション・サイエンス――依存・嗜癖の科学』朝倉書店.
東京ダルク支援センター編, 2010,『Just for Today(今日一日)』Ⅲ――薬物依存症からの回復 改訂版』東京ダルク支援センター.
宇野弘蔵, [1964]2016,『経済原論』岩波書店.
和田清編, 2013,『依存と嗜癖――どう理解し、どう対処するか』医学書院.
White, L. W., 1998, *Slaying the Dragon: The History of Addiction Treatment and Recovery in America*, Chestnut Health Systems.(= 2007, 鈴木美保子ほか訳『米国アディクション列伝――アメリカにおけるアディクション治療と回復の歴史』ジャパンマック.)

参考文献

幸田実，2018「回復の役割」ダルク編『ダルク 回復する依存者たち――その実践と多様な回復支援』明石書店 : 73-93.

近藤恒夫，1997，『薬物依存――回復のための 12 章』大海社.

――――，2009，『拘置所のタンポポ――薬物依存 再起への道』双葉社.

松本俊彦，2016，『よくわかる SMARPP ――あなたにもできる薬物依存者支援』金剛出版.

――――，2019，「ハーム・リダクションの理念とわが国における可能性と課題」『精神神経学雑誌』第 121 巻（12）: 914-925.

Mead, M. ed., 1937[1961], *Cooperation and Competition Among Primitive People*, Beacon Press.

Beattie, M.,1987, *Codependent No More: How to Stop Controlling Others and Start Caring for Yourself*, Hazelden Foundation.（＝ 1999，村山久美子訳『共依存症――いつも他人に振りまわされる人たち』講談社.）

――――，2009，*The New Codependency: Help and Guidance for Today's Generation*, Simon & Schuster.（＝ 2011，村山久美子訳『共依存症――心のレッスン』講談社.）

McNamee, S. & Gergen, K. J., 1992, *Therapy as Social Construction*, Sage Publication.（＝ 1997，野口裕二・野村直樹訳『ナラティヴ・セラピー――社会構成主義の実践』金剛出版.）

南保輔，2019，「薬物依存者リハビリテーション施設における SMARPP ――フィールド調査に見られる『効果』」『コミュニケーション紀要』30: 13-34.

南保輔・中村英代・相良翔編，2018，『当事者が支援する――薬物依存からの回復　ダルクの日々パート 2』春風社.

中村英代，2004，「摂食障害と近代的自己――価値論的コードからの離脱としての『回復』」『アディクションと家族』20(4): 367-376.

――――，2011，『摂食障害の語り――〈回復〉の臨床社会学』新曜社.

――――，2016，「『ひとつの変数の最大化』を抑制する共同体としてのダルク――薬物依存からの回復支援施設の社会学的考察」『社会学評論』66(4): 498-515.

――――，2018，「私利私欲を手放し、匿名の自己を生きる―― 12 ステップ・グループと依存症からの回復」小林多寿子・浅野智彦編 ,『自己語りの社会学――ライフストーリー・問題経験・当事者研究』新曜社 : 178-201.

中村努・高澤和彦・稲村厚（認定 NPO 法人ワンデーポート編），2012，『ギャンブル依存との向きあい方――一人ひとりにあわせた支援で平穏な暮らしを取り戻す』明石書店.

成瀬暢也，2019『ハームリダクションアプローチ――やめさせようとしない依存症治療の実践』中外医学社.

Narcotics Anonymous World Services，2006，『ナルコティクス アノニマス』

Bill, P., Todd, W. & Sara, S., 2005, *Drop the Rock: Removing Character Defects Steps Six and Seven*, Hazelden Publishing.（＝2014，依存症からの回復研究会訳『ドロップ ザ ロック――性格上の欠点を取り除く ステップ6＆7』セレニティ・プログラム.）

Brewer, J., 2017, *The Craving Mind*, Yele University Press.（＝2018，久賀谷亮監訳『あなたの脳は変えられる――「やめられない！」の神経ループから抜け出す方法』ダイヤモンド社.）

Bufe, C., 1998, *Alcoholics Anonymous: Cult or Cure?*, See Sharp Press.

ダルク研究会編，2013，『ダルクの日々――薬物依存者たちの生活と人生（ライフ）』知玄舎.

Flores, P. J., 2004, *Addiction as an Attachment Disorder*, Jason Aronson.（＝2019，小林桜児ほか訳『愛着障害としてのアディクション』日本評論社.）

Gergen, K. J., 2009, *Relational Being: Beyond Self and Community*, Oxford University Press.（＝2020，『関係からはじまる――社会構成主義がひらく人間観』ナカニシヤ出版.）

Gergen, K. J. & Gergen, M., 2004, *Social Construction: Entering the Dialogue*, Taos Institute Publications.（＝2018，伊藤守監訳『現実はいつも対話から生まれる――社会構成主義入門』ディスカヴァー・トゥエンティワン.）

平井秀幸，2013，「『承認』と『保障』の共同体をめざして――草創期ダルクにおける『回復』と『支援』」『四天王寺大学紀要』56: 95-120.

市川岳仁，2013，「『やめた』後に残る課題と回復支援の多様性――三重ダルクの実践から」『精神科治療学 Vol.28 増刊号』星和書店 : 263-267.

――――，2018「地域福祉との連携――重複障害の視点から」ダルク編『ダルク回復する依存者たち――その実践と多様な回復支援』明石書店 : 210-229.

池田浩士，2021，『やっていない俺に何ができるか 講演集 池田浩士コレクション⑩』インパクト出版会.

James, W., 1902, *The Varieties of Religious Experience: A Study in Human Nature*, Longmans, Green, and Co.（＝1969, 桝田啓三郎訳『宗教的経験の諸相 上』／＝1970『宗教的経験の諸相 下』岩波書店）.

Khantzian, E. J. & Albanese, M. J., 2008, *Understanding Addiction as Self Medication: Finding Hope Behind the Pain*, Rowman & Littlefield Publishers.（＝2013, 松本俊彦訳『人はなぜ依存症になるのか――自己治療としてのアディクション』星和書店.）

Kurtz, E., 1979, *Not-God: A History of Alcoholics Anonymous*, Hazelden Publishing.（＝2020，葛西賢太・岡崎直人・菅仁美訳『アルコホーリクス・アノニマスの歴史――酒を手ばなした人びとをむすぶ』明石書店.）

葛西賢太，2007，『断酒が作り出す共同性――アルコール依存からの回復を信じる人々』世界思想社.

参考文献

Alcoholics Anonymous World Services, [1939]2001, *Alcoholics Anonymous*, Alcoholics Anonymous World Services.（= [1979]2002, AA 日本出版局訳編『アルコホーリクス・アノニマス――無名のアルコホーリクたち』AA 日本ゼネラルサービス.）

―――, [1952]1981, *Twelve Steps and Twelve Traditions*, Alcoholics Anonymous World Services.（= [1982]2001, AA 日本出版局訳編『12 のステップと 12 の伝統』AA 日本ゼネラルサービス.）

―――, 1967, *As Bill Sees It (formerly THE A.A. WAY OF LIFE)*, Alcoholics Anonymous World Services.（= 2003, AA 日本出版局訳編『ビルはこう思う』［原書旧題『AA の生きかた』］AA 日本ゼネラルサービス.）

―――, [1990]2005, *Alcoholics Anonymous Comes of Age*, Alcoholics Anonymous World Services.（= [1990]2005, AA 日本出版局訳編『アルコホーリクス・アノニマス成年に達する』AA 日本ゼネラルサービス.）

Alter, A., 2017, *Irresistible: The Rise of Addictive Technology and the Business of Keeping Us Hooked*, Penguin Press.（= 2019, 上原裕美子訳『僕らはそれに抵抗できない――「依存症ビジネス」のつくられかた』ダイヤモンド社.）

Anderson, H. & Goolishian, H., 1992, *The Client is the Expert.* In McNamee, S. & Gergen, K. J., eds, *Therapy as Social Construction*, Sage Publications.（= 1997, 野口裕二・野村直樹訳「クライエントこそ専門家である――セラピーにおける無知のアプローチ」『ナラティヴ・セラピー――社会構成主義の実践』金剛出版 : 59-88.）

Anderson, H., 1997, *Conversation, Language, and Possibilities: A Postmodern Approach to Therapy*, Basic Books.（= 2001, 野村直樹他訳『会話・言語・そして可能性――コラボレイティヴとは？セラピーとは？』金剛出版.）

Bateson, G., 1972, *Steps to an Ecology of Mind: Collected Essays in Anthropology, Psychiatry, Evolution, and Epistemology*, Chandler Publishing Company.（= 2000, 佐藤良明訳『精神の生態学 改訂第 2 版』新思索社.）

―――, 1979, *Mind and Nature, A Necessary Unity*, Dutton.（=佐藤良明訳, 2001『精神と自然――生きた世界の認識論　改訂版』新思索社.）

Bateson, G. & Bateson, M. C., 1987, *Angels Fear: Towards an Epistemology of the Sacred*, Macmillan Pub Co.（=星川淳訳, 1992『天使のおそれ――聖なるもののエピステモロジー』青土社.）

Berman, M., 1981, *The Reenchantment of the World*, Cornell University Press.（= 1989, 柴田元幸訳『デカルトからベイトソンへ――世界の再魔術化』国文社.）

中村英代（なかむらひでよ）

1975年東京都生まれ。日本大学文理学部社会学科教授。お茶の水女子大学文教育学部卒業。東京大学大学院人文社会系研究科修士課程修了。お茶の水女子大学大学院人間文化研究科博士後期課程単位取得満期退学。博士（社会科学）。専門は社会学。『摂食障害の語り――〈回復〉の臨床社会学』（新曜社）で第11回日本社会学会奨励賞を受賞。著書に『社会学ドリル――この理不尽な世界の片隅で』（新曜社）、共編著に『当事者が支援する――薬物依存からの回復 ダルクの日々パート2』（春風社）などがある。

依存症《いぞんしょう》と回復《かいふく》、そして資本主義《しほんしゅぎ》 暴走《ぼうそう》する社会《しゃかい》で〈希望《きぼう》のステップ〉を踏《ふ》み続《つづ》ける

2022年5月30日初版1刷発行

著　者 ―― 中村英代
発行者 ―― 田邉浩司
装　幀 ―― アラン・チャン
印刷所 ―― 堀内印刷
製本所 ―― 国宝社
発行所 ―― 株式会社光文社
東京都文京区音羽1-16-6（〒112-8011）
https://www.kobunsha.com/
電　話 ―― 編集部03（5395）8289 書籍販売部03（5395）8116
業務部03（5395）8125
メール ―― sinsyo@kobunsha.com

R＜日本複製権センター委託出版物＞
本書の無断複写複製（コピー）は著作権法上での例外を除き禁じられています。本書をコピーされる場合は、そのつど事前に、日本複製権センター（☎03-6809-1281、e-mail : jrrc_info@jrrc.or.jp）の許諾を得てください。

本書の電子化は私的使用に限り、著作権法上認められています。ただし代行業者等の第三者による電子データ化及び電子書籍化は、いかなる場合も認められておりません。

落丁本・乱丁本は業務部へご連絡くだされば、お取替えいたします。
© Hideyo Nakamura 2022 Printed in Japan

ISBN 978-4-334-04610-1

1198
幻想の都　鎌倉
都市としての歴史をたどる
高橋慎一朗
「古都鎌倉」は、奈良・京都とも違い、日本人の記憶と想像によってつくられた都市だった。源氏以前の時代から現代までの通史をたどることで浮かび上がる鎌倉の実像と魅力。
978-4-334-04607-1

1199
イスラムがヨーロッパ世界を創造した
歴史に探る「共存の道」
宮田律
ヨーロッパの中世から近代にかけての発展は、イスラム文明抜きに語ることはできない——。私たちが現代社会を正しく理解するために必要な「視座」とは？「意外な史実」を学び、知る。
978-4-334-04608-8

1200
孤独なバッタが群れるとき
『バッタを倒しにアフリカへ』エピソード1
前野 ウルド 浩太郎
21万部突破の『バッタを倒しにアフリカへ』の前日譚である名著が新書で登場！　バッタに関する研究成果とともに、若き研究者の苦悩と挫折、成長がユーモア溢れる文体で綴られる。
978-4-334-04609-5

1201
依存症と回復、そして資本主義
暴走する社会で〈希望のステップ〉を踏み続ける
中村英代
「意志の弱さによる病」ととらえられがちな依存症を、現代資本主義社会の必然であると著者は説く。当事者コミュニティにおける回復実践をみながら、人類の新たな共生のあり方を示す。
978-4-334-04610-1

1202
なぜ日本からGAFAは生まれないのか
山根節　牟田陽子
日本経済が停滞する一方で、絶対的な力をつけたGAFA。その時価総額は日本の上場企業全社の合計を超える。なぜここまで差がついたのか。その理由をGAFAの歩みに探る!!
978-4-334-04611-8